EL PODER DE SER VALIOSOS

EL PODER
DE SER VALIOSOS
ARNOLD
SCHWARZENEGGER

EMPRESA ACTIVA

Argentina – Chile – Colombia – España
Estados Unidos – México – Perú – Uruguay

Título original: *Be Useful*
Editor original: Penguin Press, an imprint of Penguin Random House LLC
Traductor: María Celina Rojas

1.ª edición: noviembre 2023
2.ª reimpresión: marzo 2024

Copyright © 2023 by Fitness Publications, Inc.
Penguin Press, an imprint of Penguin Random House LLC
All Rights Reserved
© 2023 *by* Urano World Spain, S.A.U.
Plaza de los Reyes Magos, 8, piso 1.º C y D – 28007 Madrid
www.empresaactiva.com
www.edicionesurano.com

ISBN: 978-84-16997-84-8
E-ISBN: 978-84-19699-89-3
Depósito legal: B-16.841-2023

Fotocomposición: Urano World Spain, S.A.U.
Impreso por: Romanyà Valls, S.A. – Verdaguer, 1 – 08786 Capellades (Barcelona)

Impreso en España – *Printed in Spain*

Índice

Introducción

Unos meses después de haber completado mi mandato como gobernador en 2011, mi mundo se desmoronó.

No es que las cosas hubieran salido bien los años anteriores. Tras conseguir la reelección con un porcentaje arrollador del cincuenta y siete por ciento de los votos en 2006, haber implementado políticas ambientales que inspiraron al mundo, y realizado la inversión de infraestructura más grande de la historia de California —inversión que les será útil a los conductores, estudiantes y granjeros de California durante mucho tiempo después de mi partida—, mis últimos dos años y medio en el Capitolio, que pasé en medio de la crisis financiera mundial, fueron como estar atrapado en una secadora de ropa llena de ladrillos. Fueron golpes tras golpes desde todas las direcciones.

En 2008, cuando llegó el azote de la crisis, las personas comenzaron a perder sus hogares, y muy pronto nos enfrentamos a la recesión más grande desde la Gran Depresión, todo porque un grupo de banqueros codiciosos habían puesto al sistema financiero mundial de rodillas. Un día California estaba celebrando una inesperada ganancia récord que me permitió establecer un fondo de reserva. Al día siguiente, el hecho de que el presupuesto de California estuviera demasiado atado a Wall Street nos dejó con una deuda de veinte mil millones de dólares y casi nos arrastró a la insolvencia. Pasé tantas noches encerrado en una habitación con los líderes de ambos partidos en la legislatura, tratando de sacarnos del abismo, que el estado estuvo a punto de reconocernos legalmente como parejas de hecho.

Sin embargo, nadie quería escuchar eso. Los ciudadanos solo sabían que les habíamos cortado los servicios mientras recaudábamos sus impuestos. Podíamos explicarles que los gobernadores no controlan las crisis financieras globales, pero el hecho es que solo eres reconocido cuando la economía se encuentra en fase de crecimiento, aunque no hayas tenido incidencia en ello, por lo que resulta justo que te culpen cuando sucede lo contrario. No es agradable.

No me malinterpretéis. Tuvimos algunas victorias. Aniquilamos el sistema que prácticamente les había otorgado a los partidos políticos el poder de veto sobre los intereses del pueblo, y convertimos a nuestros políticos en absolutos perdedores. Derrotamos a las empresas petroleras que intentaban desmantelar nuestro progreso en materia ambiental, y luego avanzamos de manera aún más agresiva, y desplegamos por todo el estado la energía solar y otras energías renovables, e hicimos inversiones históricas para incentivar al mundo a utilizar tecnologías limpias.

Pero en esos últimos años de la década del 2000 aprendí que puedes implementar algunas de las políticas más innovadoras que el gobierno jamás haya visto y aun así sentirte como un fracasado total, cuando un votante te pregunte por qué no puede conservar su vivienda, o cuando un padre demande saber por qué has recortado el presupuesto de la escuela de su hijo, o cuando los trabajadores exijan saber por qué han sido despedidos.

Por supuesto que esta no fue mi única experiencia con el fracaso en la esfera pública. Sufrí derrotas contundentes durante mi carrera como fisicoculturista, actué en películas que fueron un fiasco, y más de una vez presencié cómo mi índice de popularidad se desmoronaba al igual que el promedio bursátil Dow Jones.

Pero todavía estaba muy lejos de tocar fondo.

Y no fue la recesión lo que hizo que mi mundo se desmoronara. Fui yo el responsable.

Yo destruí a mi familia. Ningún fracaso me hizo sentir peor que ese.

No contaré esa historia aquí. Ya la conté en otros ámbitos, y otros la contaron por mí en múltiples ocasiones. Todos la conocéis. De no ser así, ya conocéis Google, y sabéis cómo buscarla. Ya hice mucho daño a mi familia, y recorrí un largo camino para reparar esos vínculos; no la convertiré en combustible para una máquina de fabricar chismes.

Lo que diré es que a finales de ese año, me encontré en un lugar que me era familiar y extraño a la vez. Estaba en mi punto más bajo. Ya había estado allí antes. Sin embargo, esta vez tenía la cara contra el barro, me encontraba en un agujero negro, y tenía que decidir si valía la pena limpiarme y comenzar el lento ascenso o simplemente rendirme.

Los proyectos cinematográficos en los que había estado trabajando desde que dejé el Capitolio se evaporaron. ¿El dibujo animado que se basaba ligeramente en mi vida y que me entusiasmaba tanto? Adiós. Los medios me descartaron, mi historia terminaría después de tres actos: fisicoculturista, actor y gobernador. A todo el mundo le gusta una historia que termina en tragedia, en especial cuando es el poderoso quien cae.

Aun así, si alguna vez has leído acerca de mí, es probable que ya sepas que no me rendí. De hecho, me atrae el desafío de tener que volver a levantarme. Es el esfuerzo lo que conduce al éxito y, cuando lo logras, la sensación es maravillosa.

El cuarto acto fue la fusión de los tres primeros, combinados para volverme lo más útil posible, y con un agregado extra que no esperaba. Continúo con mi cruzada *fitness* y fisicoculturista enviando correos electrónicos diarios a miles de personas ávidas por recibirlos y sigo llevando mi festival *Arnold Sports* a todo el mundo. Sigo comprometido con medidas políticas en la organización sin ánimo de lucro *After-School All-Stars*, donde ayudamos a cien mil niños en cuarenta ciudades de la nación; en el Instituto Schwarzenegger de Investigación de Políticas Estatales y Globales de la Universidad de California del Sur (USC, por sus siglas en inglés), donde promovemos nuestras reformas políticas en todo el territorio de los Estados Unidos, y en la iniciativa ambiental *Schwarzenegger Climate Initiative*, donde damos a conocer nuestras políticas medioambientales a todo el mundo. ¿Y en cuanto a mi carrera en la industria del entretenimiento? Es la que lo paga todo. En esta ocasión, tras dejar atrás la jungla de Hollywood, donde hacía película tras película, regresé con una serie de televisión, que es un nuevo medio creativo que he estado intentando dominar con gran entusiasmo.

Supe que seguiría adelante con todas esas profesiones. Como siempre os digo, volveré. Pero lo que nunca esperé fue que, como efecto secundario de todo este fracaso, mi redención y reinvención me convertirían en referente de autoayuda.

De pronto, me pagaban tanto como a expresidentes por dar conferencias motivacionales a clientes y sus empleados. Otras personas filmaban esas conferencias, las publicaban en YouTube y en las redes sociales, y se volvían virales. Luego mis propias redes sociales comenzaron a crecer, porque cada vez que las utilizaba para compartir mi visión sobre cuestiones urgentes de actualidad o para ofrecer una reflexión tranquila en el medio del caos, aquellos videos se volvían incluso más virales.

Las personas realmente parecían obtener provecho de mis enseñanzas, de la misma forma que yo lo había hecho a comienzos de mi carrera al conocer a mis ídolos y leer sobre ellos, muchos de los cuales mencionaré en este libro. Así que me dediqué de lleno a eso. Comencé a proyectar más y más optimismo hacia el mundo. Y cuanto más hablaba, más personas se me acercaban en el gimnasio para decirme que las había ayudado a superar momentos difíciles. Supervivientes del cáncer, personas que habían perdido el trabajo, personas que se encontraban camino a una nueva fase de sus carreras profesionales. Escuché a hombres y mujeres, jóvenes, estudiantes de secundaria, retirados, ricos, pobres, personas de diferentes razas, credos y orientación en el arcoíris de la humanidad.

Fue fantástico. También sorprendente. No estaba seguro de por qué sucedía esto. Así que hice lo que siempre hago cuando quiero comprender algo. Me detuve a analizar la situación. Lo que observé cuando di un paso atrás fue que había mucha negatividad, pesimismo y autocompasión en el mundo. También me di cuenta de que muchas personas se sentían realmente desgraciadas, a pesar de que los expertos no dejan de resaltar que las cosas nunca han ido mejor en la historia de la civilización humana. Nunca hubo menos guerras, menos enfermedades, menos pobreza y menos opresión que ahora. Esto es lo que muestran las estadísticas. Es una verdad objetiva.

Pero también hay otro grupo de datos. Un grupo más subjetivo que es más difícil de medir, pero que todos vemos y escuchamos cuando miramos las noticias, o escuchamos la radio, o leemos en las redes sociales. Muchos hablan de sentirse poco importantes, invisibles o desesperanzados. Las chicas jóvenes y mujeres hablan de no ser lo suficiente buenas o bellas. Los chicos jóvenes dicen sentirse inútiles e incapaces. Los casos de suicidio y las tasas de adicción van en aumento.

En especial, como consecuencia de la pandemia del COVID-19, estamos experimentando una epidemia de esas emociones que prácticamente abarca a cada segmento de nuestra sociedad. Los casos de depresión y ansiedad han aumentado un veinticinco por ciento a nivel mundial desde 2020. En un estudio de la Universidad de la Salud Pública de Boston, publicado en septiembre de 2020, los investigadores descubrieron que la prevalencia de la depresión entre los adultos de los Estados Unidos se había *triplicado* entre 2018 y principios de 2020, justo unos meses después de que se decretaran las cuarentenas. Mientras que antes el setenta y cinco por ciento de los adultos norteamericanos aseguraba no tener síntomas de depresión, en abril de 2020 ese número había caído por debajo del cincuenta por ciento. ¡Ese es un cambio drástico!

De todas maneras, el problema va más allá del COVID-19, porque hay grupos —instituciones e industrias enteras— que se están aprovechando de las miserias de las personas con promesas vacías, incrementando su frustración, alimentándolas de mentiras y agravando sus problemas. Todo por ganancias y beneficios políticos. Estas fuerzas tienen como incentivo hacer que las personas sigan sintiéndose desgraciadas y desesperanzadas, y buscan ocultar cuán simple sería para ellas valerse de herramientas de utilidad y autosuficiencia, que son las armas principales para luchar en contra de la desdicha y la apatía.

Por esa razón creo que millones y millones de personas de todo el mundo han migrado hacia los *podcasts*, plataformas informativas como *Substack*, y *newsletters* como la mía en busca de respuestas que tengan algún sentido para ellas. El ambiente de la cultura se ha vuelto tan despiadado que buscan alguien en quien confiar, alguien que se niegue a jugar sucio, alguien que intente ser extremadamente positivo cuando todos los demás insisten en mantener una negatividad despiadada.

Esas son las personas con las que me encontraba en el gimnasio todos los días. Y me provocaban un sentimiento de hermandad con ellas porque expresaban muchas de las mismas emociones que yo había sentido cuando dejé mi cargo en 2011 y mi mundo se desmoronó. También me di cuenta de que, cuando les ofrecía consejos y aliento, cuando intentaba inspirarlas, calmarlas y darles ánimos, estaba utilizando una caja de herramientas muy familiar.

Era la misma caja de herramientas que había construido a lo largo de sesenta años y de la que me había valido con gran éxito durante mi camino por los tres actos previos de mi vida. Era la misma caja a la que había recurrido más de diez años atrás, cuando toqué fondo y decidí salir del pozo con mis propias manos. Estas herramientas no son revolucionarias. Pero son atemporales. Siempre han funcionado. Siempre funcionarán. Las considero pasos de un camino a seguir o un mapa que conduce hacia una vida feliz, exitosa y útil, lo que sea que eso signifique para ti.

Requieren que sepas hacia dónde quieres ir y cómo llegarás allí, así como tener la voluntad de trabajar y la capacidad de comunicar a las personas que te importan que el camino en el que quieres embarcarlas compensa el esfuerzo. Requieren que tengas la capacidad de cambiar la marcha cuando hay un obstáculo en el camino y que puedas mantener la mente abierta y aprender de lo que te rodea para encontrar una ruta nueva. Y, lo más importante de todo, una vez hayas llegado a dónde intentabas llegar, exigen que reconozcas toda la ayuda que recibiste y que la retribuyas a quien corresponda.

El mejor consejo que me dio mi padre, y que me quedó grabado en la mente y nunca me abandonó, fue enseñarme el poder de ser valioso, de ser útil; y espero que las herramientas que te ofreceré en estas páginas tengan el mismo efecto en ti.

Sentirme útil fue la fuerza que motivó todas mis decisiones y que organizó todas las herramientas que utilicé para tomarlas. Convertirme en campeón de fisicoculturismo, actor protagonista millonario y funcionario público, esas eran mis metas, pero eso no era lo que me motivaba.

Durante algunos años mi padre no estuvo de acuerdo con mi versión de lo que significaba ser útil, y quizás yo no esté de acuerdo con la tuya. Pero ese no es el propósito de un buen consejo. Tampoco es decirte qué construir, sino cómo construir y por qué importa. Mi padre falleció a la misma edad que tenía yo cuando mi mundo se desmoronó. No tuve la oportunidad de preguntarle qué debía hacer, pero tengo una idea de lo que me hubiera dicho: «Sé útil, Arnold».

Escribí este libro para honrar aquellas palabras y difundir su consejo. Lo escribí por los años que él no tuvo, pero que he usado para hacer las paces, para salir del pozo y para construir el cuarto acto de mi vida. Escribí este libro porque creo que cualquiera puede beneficiarse de las herramientas que utilicé durante todas las etapas de mi vida, y que todos necesitamos un mapa fiable para la clase de vida que siempre hemos querido construir.

Pero más que nada, escribí este libro porque todos necesitamos sentirnos útiles.

1

Ten una visión clara

Muchas de nuestras personas más valiosas están perdidas.

Muchas de ellas no saben qué están haciendo con sus vidas. No están sanas. No son felices. El setenta por ciento odian sus trabajos. Sus relaciones no son gratificantes. No sonríen. No ríen. No tienen energía. Se sienten inútiles. No tienen esperanzas, como si la vida las estuviera conduciendo hacia un callejón sin salida.

Si sabes dónde buscar, las verás por todas partes. Quizás incluso cuando te mires al espejo. No pasa nada. No estás roto. Tampoco ellas. Eso es lo que sucede cuando no tienes una visión clara sobre tu vida y te conformas con lo que pudiste obtener o con lo que sea qué crees merecer.

Podemos arreglarlo. Porque todo lo bueno, todo gran cambio, comienza con una visión clara.

La visión es lo más importante. La visión otorga objetivo y significado. Tener una visión clara significa tener una imagen de cómo quieres que sea tu vida y un plan para llegar allí. Quienes se sienten perdidos no tienen ninguna de las dos cosas. No tienen la imagen ni el plan. Se miran al espejo y se preguntan: «¿Cómo demonios he acabado aquí?», pero no saben la respuesta. Muchas de sus decisiones y actos las condujeron a ese lugar, y, sin embargo, desconocen exactamente cuáles fueron. Incluso se enfadan y dicen: «Odio esto, ¿por qué lo *elegí*?». Excepto que nadie las forzó a ponerse ese anillo o a comerse esa segunda hamburguesa. Nadie las obligó a aceptar ese trabajo sin futuro. Nadie las hizo saltarse clases, faltar a entrenamientos o dejar de asistir a la iglesia. Nadie las presionó para quedarse despiertas todas las noches jugando a videojuegos en lugar de dormir ocho horas. Nadie las hizo beber esa última cerveza o gastar su último dólar.

Sin embargo, están absolutamente convencidos de eso y se lo dicen a sí mismos. Y yo creo que eso es lo que creen. Como si la vida simplemente les hubiera sucedido. De verdad piensan que no tuvieron elección.

¿Y sabes qué? En parte tienen razón.

Ninguno de nosotros elige de dónde viene. Yo crecí en un pequeño pueblo de Austria a principios de la Guerra Fría. Mi madre era muy cariñosa. Mi padre era estricto y algunas veces violento, pero yo lo quería mucho. Era una situación complicada. Estoy seguro de que tu historia también lo es. Apuesto a que crecer fue más difícil de lo que las personas que te rodean piensan. No podemos cambiar esas historias, pero podemos escoger hacia dónde ir. Hay una razón y explicación para todo lo que nos sucedió hasta este momento, ya sea buena o mala. Pero en la mayoría de los casos no fue porque no tuviéramos elección. Siempre la tenemos. Sin embargo, con lo que no contamos siempre, a menos que decidamos crearlo, es con un parámetro con el que comparar nuestras decisiones.

Eso es lo que te otorga una visión clara: una forma de descifrar si una decisión es buena o mala para ti, basada en si te acerca o te aleja del lugar adonde quieres llegar. Lo que estás a punto de hacer, ¿empaña o enfoca la imagen que tienes de tu futuro ideal?

Las personas más felices y exitosas del mundo hacen todo lo que está a su alcance para evitar las malas decisiones, que traen confusión y las alejan de sus metas. Por el contrario, se centran en elecciones que aclaran su visión y les ayudan a lograrla. No importa si se trata de alcanzar una visión pequeña o una enorme, el proceso de toma de decisión es siempre el mismo.

La única diferencia entre estas personas y nosotros, entre tú y yo, entre cualquier otro par de personas, es la claridad de la imagen que tenemos sobre nuestro futuro, la fortaleza de nuestro plan para lograrlo, y si hemos aceptado que las elecciones que tomamos para convertir nuestra visión en realidad son nuestras y solo nuestras.

Entonces, ¿cómo lograrlo? ¿Cómo creamos una visión clara desde cero? Creo que hay dos formas de hacerlo. Puedes empezar con pasos pequeños e ir avanzando hasta que una imagen más general y clara se despliegue frente a ti. O puedes comenzar a lo grande y entonces, como el lente de una cámara, hacer *zoom* hasta que la imagen se torne nítida. Así fue para mí.

COMIENZA CON UNA VISIÓN AMPLIA Y LUEGO HAZ *ZOOM*

La primera visión que tuve de mi vida era muy amplia. Era de Estados Unidos. Nada más específico que eso. Tenía diez años. Acababa de comenzar la escuela en Graz, la gran ciudad al este de donde crecí. En aquellos días, parecía que, por donde quiera que mirara, veía las cosas más maravillosas sobre Estados Unidos. En las clases de la escuela, en las portadas de revistas, en las noticias que proyectaban antes de las películas en el cine.

Imágenes del puente Golden Gate y aquellos Cadillac de enormes alerones que circulaban por las gigantescas autopistas de seis carriles. Miraba películas hechas en Hollywood y escuchaba a celebridades del *rock and roll* en programas de entrevistas filmados en Nueva York. Vi el Chrysler Building y el Empire State Building, que hacían que el edificio más alto de Austria pareciera a un cobertizo. Vi palmeras que bordeaban las calles y mujeres hermosas en *Muscle Beach*.

Era Estados Unidos en *Dolby Surround*. Todo era enorme y brillante. Para un niño influenciable como yo, aquellas imágenes eran como Viagra para mis sueños. Deberían haber incluido una advertencia, porque la imagen de la vida en Estados Unidos me causó un nivel de excitación que *no* desapareció después de cuatro horas.

Lo supe: ese es mi sitio.

¿Haciendo qué? No tenía la más mínima idea. Como he dicho, era una visión amplia. La imagen se veía muy borrosa. Era joven. ¿Qué sabía yo sobre la vida? Lo que aprendería, sin embargo, era que algunas de las visiones más poderosas surgen de esa manera. De nuestras obsesiones cuando somos jóvenes, antes de que nuestras opiniones sobre ellas hayan sido contaminadas por los prejuicios de otras personas. Hablando de qué camino tomar cuando estás descontento con tu vida, el famoso surfista de olas gigantes, Garrett McNamara, una vez dijo que deberías «volver atrás a cuando tenías tres años, descubrir qué querías hacer por aquel entonces, encontrar la manera de hacerlo en tu vida, trazar un camino en el mapa y luego seguirlo». Estaba describiendo el proceso de crear una visión, y creo que tenía toda la razón. Por supuesto que no es tan fácil, pero es así de simple, y puede empezar por mirar atrás en el tiempo y pensar a grandes rasgos en las cosas que solías amar. Tus obsesiones son una pista que conducen a la visión más temprana de ti mismo, si le hubieras prestado atención al inicio de todo.

Fijémonos en alguien como Tiger Woods, que alardeaba de sus *putts* en el programa televisivo *The Mike Douglas Show* cuando tenía tan solo dos años. O las hermanas Williams. Muchos no lo saben, pero su padre, Richard, inició a sus cinco hijos en el tenis cuando eran niños, y todos tenían talento. Pero solo Venus y Serena mostraron pasión por el deporte. *Obsesión*. Y entonces el tenis definió el marco donde crecieron y cómo se vieron a sí mismas.

Lo mismo sucedió con Steven Spielberg. No era un gran fanático del cine cuando era niño. Amaba la televisión. Hasta que un año, su padre recibió una pequeña cámara de 8mm como regalo del Día del Padre para grabar los viajes por carretera de la familia, y Steven comenzó a jugar con ella. Alrededor de la misma edad que yo tenía cuando comencé a descubrir Estados Unidos, Steven descubrió la cinematografía. Filmó su primera película cuando tenía doce. Filmó otra película para ganar un premio de fotografía en los *Boy Scouts* cuando tenía trece. Incluso llevaba la cámara a los viajes de *Boy Scouts*. Para Steven, que acababa de mudarse con su familia desde Nueva Jersey hasta Arizona, en el otro extremo del país, hacer películas le permitió tener sus primeras experiencias como director.

No se trató de mudarse a Hollywood. Ni de ganar un Óscar por la Mejor Película o el Mejor Director. Tampoco de ser rico y famoso o trabajar con glamorosas estrellas de cine. Aquellas ambiciones más específicas llegarían más adelante. Al principio, su visión simplemente se trataba de filmar películas. Era una visión más general y amplia, al igual que lo fue para Tiger (golf), Venus y Serena (tenis) y para mí (Estados Unidos).

Eso es perfectamente normal. Para la mayoría de nosotros, es necesario. Cualquier visión más detallada se torna mucho más complicada con gran rapidez, y nos anticipamos demasiado. Comienzas por saltarte pasos importantes del camino. Tener una visión amplia te brinda un lugar más fácil y accesible desde el cual comenzar, cuando llega el momento de descubrir dónde y cómo hacer *zoom*.

Esto no quiere decir que reduzcas tu visión, sino que seas más específico. El panorama se torna más nítido. Es como hacer *zoom* en un planisferio cuando estás intentando organizar un itinerario de viaje. El mundo está compuesto por continentes. Dentro de los continentes hay países, dentro de los países hay estados o provincias, dentro de ellos hay condados y dentro de los condados hay ciudades y pueblos. La cuestión es que puedes seguir así. Dentro de los pueblos hay vecindarios y dentro de los vecindarios, manzanas. Las manzanas están unidas por calles. Si eres un turista y simplemente quieres ver el mundo, puedes saltar de un país a otro o de una ciudad a otra y no tiene importancia. No tienes que prestar atención al detalle. Pero si realmente quieres conocer un lugar y hacer válida la experiencia, e incluso si alguna vez quieres llamar a ese lugar tu hogar, bueno, entonces será mejor que camines por las calles, hables con los lugareños, explores cada callejón, aprendas las costumbres y pruebes cosas nuevas. En ese momento es cuando el itinerario que estás intentando crear —o el plan que estás intentando trazar para lograr tu visión— comienza de verdad a tomar forma.

Tracé mi plan en torno al fisicoculturismo, después de poder visualizar con claridad la primera imagen sobre mi futuro. Era un adolescente cuando vi al que en ese momento era Mr. Universo, el gran Reg Park, en la portada de una de las revistas de fisicoculturismo de Joe Weider. Acababa de verlo interpretar a Hércules en *La conquista de Atlántida* ese verano. El artículo describía cómo Reg, un niño pobre proveniente de un pueblo de clase trabajadora de Inglaterra, había descubierto el fisicoculturismo, y luego había saltado a la actuación tras ganar la competición de Mr. Universo. Lo vi de inmediato: ese era mi camino a Estados Unidos.

Para ti el camino será diferente; también el destino. Quizás implique escoger una carrera y cambiar de escenario. Quizás implique transformar un pasatiempo en un estilo de vida o una causa que quieras convertir en tu misión. No existe una respuesta incorrecta siempre y cuando te permita enfocar mejor tu visión y te enseñe los pasos que tienes que seguir.

Aun así, esta parte puede resultar muy difícil para algunos, incluso para aquellos que tienen las visiones más amplias. Por ejemplo, hoy en día cuando voy al gimnasio, algunas veces veo a alguien deambulando, rebotando de una máquina a otra como una pelota de tenis de mesa, y me resulta muy claro que no tiene ningún plan de entrenamiento. Me acerco a esta persona y conversamos. Lo he hecho muchas veces, y siempre es igual.

«¿Por qué vienes al gimnasio?», les pregunto.

«Para estar en forma», me suelen responder.

«Sí, genial, fantástico, pero ¿estar en forma para qué?», les pregunto. Es una pregunta importante, porque no todas las maneras de estar «en forma» son iguales. Estar en forma como un fisicoculturista no te ayudará si escalas rocas. En todo caso, cargar con toda esa masa muscular extra te hará daño. De la misma manera, estar en forma como un corredor de larga distancia no te servirá si eres luchador, que necesita tanto potencia como velocidad explosiva.

Hacen una pausa, tartamudean, buscando la respuesta que piensan que quiero escuchar. Pero yo me quedo en silencio, no tengo piedad. Al final, la mayoría termina contestando de manera honesta.

«El doctor dijo que necesito perder nueve kilos y controlar mi tensión arterial».

«Solo quiero verme bien en la playa».

«Tengo niños pequeños y quiero poder correr y jugar con ellos».

Todas estas son buenas respuestas. Puedo trabajar con cada una de ellas. Hacer *zoom* de esa manera hace que la visión tenga una dirección específica, que los ayudará a centrarse en los mejores ejercicios para lograr su objetivo.

El fisicoculturismo se trata de centrarse. No solo en las metas concretas que quieres lograr como fisicoculturista, sino también en los pasos que debes seguir en el gimnasio para llegar allí. Cuando a los veintiún años llegué a Estados Unidos en el otoño de 1968, y pisé *Venice Beach* para entrenar en el gimnasio *Gold's Gym* bajo la dirección del gran Joe Weider, ya había ganado varios títulos, entre otros el de Mr. Universo a comienzos de ese año en mi debut profesional. Aquellos títulos fueron pasos en el camino que llamaron la atención de Joe, lo que finalmente me condujo a Estados Unidos. Pero no fueron los últimos. Joe no pagó para que yo viniera a Estados Unidos porque yo ya era un campeón. Estaba invirtiendo en mí porque pensaba que yo podía ser *más* que un campeón. Yo aún era muy joven para los estándares del fisicoculturismo. También tenía muchas ansias de trabajar duro y un deseo descomunal de ser grande. Joe vio todas estas cosas en mí y creyó que tenía una gran oportunidad de ser el mejor fisicoculturista del mundo, quizás de todos los tiempos. Y me ayudaría a centrarme aún más en descubrir qué se requería para ser el más grande de todos.

Estaba en Estados Unidos, era Mr. Universo, y el trabajo acaba de empezar.

CREA EL ESPACIO Y EL TIEMPO

Por supuesto, no todos empiezan a desarrollar una idea de lo que quieren hacer con sus vidas a los quince, como yo. Tuve suerte, crecí en un pueblo pequeño de calles de tierra, en una casa que no tenía agua corriente ni cañerías. No tenía nada excepto tiempo y espacio para soñar despierto y dejar que mi imaginación volara. Era una hoja en blanco. Cualquier cosa podía dejar huella en mí. Y así sucedió.

Imágenes de Estados Unidos. Jugar a los gladiadores con mis amigos en el parque. Leer para la escuela un artículo en las noticias sobre un levantador de pesas que había batido un récord. Descubrir que uno de mis amigos conocía a Mr. Austria, Kurt Marnul, y que entrenaba allí mismo en Graz. Ver *La conquista de Atlántida* y descubrir que Mr. Universo interpretaba a Hércules, y que el actor que lo había hecho antes de él, Steve Reeves, también había sido Mr. Universo. Luego toparme con una de las revistas de fisicoculturismo de Joe Weider y ver a Reg en la portada, y descubrir que provenía de un pequeño pueblo de clase trabajadora, como yo.

Todos estos fueron momentos de inspiración que quedaron grabados en mí. Se conjugaron no solo para crear la primera visión que tuve, sino para hacerla más nítida y enfocarla, lo que me brindaría algo puntual en lo que trabajar durante los próximos veinte años.

Para muchas personas, encontrar esa clase de visión es un proceso largo de descubrimiento que lleva años, incluso décadas. Algunos nunca llegan a tenerla. Viven sin visión. Ni siquiera tienen recuerdos de la primera obsesión que tuvieron de jóvenes y que ahora podría transformarse en una visión en la edad adulta. Aquellos recuerdos y las posibilidades que conllevan han sido borrados por la distracción causada por todos nuestros dispositivos. Han desaparecido por todas las cosas que hacen que las personas se sientan desdichadas, como si la vida les hubiera pasado por encima.

Esto es trágico, pero también es completamente inaceptable quedarse sentados de brazos cruzados sin hacer nada. Sentirse víctimas. Solo tú puedes crear la vida que deseas para ti mismo, nadie lo hará en tu lugar. Si por alguna razón aún no sabes cómo es esa vida, está bien. Estamos aquí, ahora. Lo que elijas desde este momento es lo que importa. Y aquí y ahora, hay dos cosas que deberías hacer.

En primer lugar, establece pequeños objetivos. No te preocupes por lo más general, de momento. Céntrate en pequeños progresos y en acumular logros día a día. Puede tratarse de actividad física o de nutrición. Puede tratarse de relacionarse con otras personas, leer u organizar tu casa. Comienza por hacer cosas que te gusten o que te hagan sentir orgulloso de ti mismo por haberlas logrado. Hazlas todos los días como un pequeño objetivo global, y luego descubre cómo eso cambia tu enfoque. Pronto te darás cuenta de que tu perspectiva ha cambiado.

Una vez que hayas encontrado un ritmo con esos pequeños objetivos diarios, crea otros, primero semanales y luego mensuales. En lugar de hacer *zoom* desde un lugar muy amplio, construye tu vida a partir de este pequeño comienzo y permite que tu visión se ensanche frente a ti. A medida que se vuelve más amplia, esa sensación de inutilidad comienza a debilitarse, y en ese momento puedes dar el segundo paso: dejar de lado las distracciones y crear espacio y tiempo en tu vida, sin importar cuán pequeño sea el espacio o breve el tiempo al principio, para que la inspiración encuentre su camino y el proceso de descubrimiento pueda ocurrir.

Sé que esto no es tan fácil como parece. A medida que envejeces la vida se torna agobiante y complicada. Puede resultar difícil encontrar el espacio y el tiempo y no sentir que estás relegando un conjunto mayor de responsabilidades, en especial ahora que tienes estos pequeños objetivos diarios, semanales y mensuales que estás intentando cumplir. Y adivina qué: al principio es difícil. ¿Pero sabes qué es más difícil? Vivir una vida que odias. Eso sí es difícil. En comparación, esto es un paseo por el parque.

Y podría serlo en sentido literal. Muchos de los grandes pensadores, líderes, científicos, artistas y empresarios encontraron su mayor inspiración mientras paseaban.

Beethoven solía caminar llevando consigo partituras en blanco y un lápiz. El poeta romántico William Wordsworth solía escribir dando caminatas alrededor del lago en el pueblo donde vivía. Los antiguos filósofos griegos como Aristóteles transmitían sus enseñanzas mientras daban largas caminatas con sus alumnos y, al mismo tiempo, daban forma a sus ideas. Dos mil años más tarde, el filósofo Friedrich Nietzsche diría: «Solo las ideas obtenidas al caminar tienen algún valor». Einstein pulió muchas de sus teorías sobre el universo mientras caminaba por el campus de la Universidad de Princeton. El escritor Henry David Thoreau decía que «en el momento en el que comienzo a mover las piernas, los pensamientos comienzan a fluir».

Estos son algunos ejemplos de personas muy importantes que descubrieron el poder de crear tiempo y espacio para caminar en sus vidas cotidianas. Pero no has de ser un genio o un prodigio para que caminar sea útil o transformador. Existen pruebas suficientes que demuestran que caminar aumenta la creatividad, inspira nuevas ideas y cambia la vida de las personas, sin importar quiénes sean. En 2014, una investigación de la Universidad de Stanford demostró que caminar aumentó en un cien por cien la creatividad de los participantes del estudio, a quienes se les pidió que caminaran mientras completaban una serie de tareas creativas. Y también hay una gran cantidad de evidencias anecdóticas. Una búsqueda rápida en Google con las palabras «caminata» y «cambio» dará como resultado una avalancha de artículos con títulos como «Caminar me cambió la vida». Están escritos por toda clase de personas: hombres y mujeres, jóvenes y viejos, personas atléticas y personas en baja forma, estudiantes y profesionales, estadounidenses, indios, africanos, europeos y asiáticos.

Caminar les ayudó a cambiar sus rutinas y hábitos; les ayudó a encontrar soluciones a problemas difíciles; a procesar traumas y tomar decisiones que cambiarían sus vidas. Para un australiano llamado Jono Lineen, caminar significó todo eso. Cuando tenía treinta años, decidió recorrer los Himalayas occidentales, casi dos mil setecientos kilómetros, en soledad. Fue el primero en hacerlo solo. Fue una prueba para sí mismo.

Caminó durante meses hasta cuarenta kilómetros al día, sin más compañía que sus pensamientos y la belleza inconmensurable de los Himalayas a su alrededor. No podía escapar de ninguna de las dos cosas. En un momento dado, tuvo una revelación. No estaba allí para probarse a sí mismo, sino para sanar. «Me di cuenta de que lo que realmente estaba haciendo allí, en las montañas, era aceptar la muerte de mi hermano menor», escribió en 2021 en un artículo acerca de su experiencia. Había sufrido mucho durante los años posteriores a la muerte de su hermano. Había estado atrapado en un pozo de tristeza y esta simple pero ardua experiencia de caminar por los Himalayas le había brindado algo de claridad para salir del pozo.

Años más tarde, Jono tuvo otra experiencia transformadora, esta vez caminando los ochocientos kilómetros del Camino de Santiago de Compostela, el famoso peregrinaje católico a lo largo del norte de España. «Estaba atrapado en un trabajo muy estresante en Londres y necesitaba un respiro», dijo. Hacia el final del Camino, después de casi tres semanas de recorrer campos, de atravesar pequeños pueblos, de subir y bajar montañas y valles, había tomado la decisión de renunciar a su trabajo. «El cambio condujo mi vida hacia una dirección nueva y maravillosa, y estoy agradecido a la caminata por ayudarme a alcanzar ese logro».

La experiencia de Jono no es única. Más de trescientas mil personas de todo el mundo peregrinan por el Camino cada año; menos de un tercio lo hacen por razones puramente religiosas. La gran mayoría lo hace por otros motivos. Motivos como los de Jono. Motivos como los tuyos, posiblemente. Buscan inspiración, alguna clase de cambio, y qué mejor manera de encontrarlo que caminando.

A lo largo de los años, yo utilicé mi tiempo en el gimnasio para pensar. Cuando voy a esquiar, me tomo los diez o quince minutos del telesilla como una especie de tiempo sagrado para dejar vagar la mente. Lo mismo sucede con el ciclismo. Nadie puede molestarte cuando estás en una bicicleta, de modo que tienes la libertad de dejar volar tus pensamientos. Actualmente creo el espacio para inspirarme tomando un baño en el jacuzzi todas las noches. Hay algo especial en el agua caliente y el vapor, en el murmullo de los chorros de agua y el brotar de las burbujas. La sensación de flotar, de *no* ser capaz de sentir el peso de mi propio cuerpo, agudiza mis otros sentidos y me abre a lo que me rodea. El jacuzzi me brinda entre veinte y treinta minutos de claridad mental. Es donde tengo mis mejores pensamientos. Allí sentado en el jacuzzi, se me ocurrió la idea de mi discurso para el pueblo de Estados Unidos después de los sucesos del 6 de enero de 2021.

Como la mayoría de nosotros, vi cómo se desarrollaba el asalto al Capitolio en la televisión y luego por redes sociales con mayor detalle. Y, como todos los demás, me dominaron una serie de emociones. Incredulidad. Frustración. Confusión. Enfado. Y, finalmente, tristeza. Sentí tristeza por nuestro país, porque aquel era un día oscuro. Pero también me sentí muy mal por todos los hombres y mujeres, jóvenes y viejos, que mostraban las cámaras, mientras las cadenas televisivas cubrían el momento histórico y exponían sus rostros enfadados, desesperados y alienados a todo el planeta. Lo quisieran o no, estas personas dejarían una marca en el mundo. Este sería su legado.

Pensé en ellos durante un buen rato aquella noche, mientras estaba sentado en el jacuzzi y dejaba que los chorros de agua me relajaran el cuello y los músculos de los hombros, tensos por el estrés del día. Lentamente llegué a la conclusión de que todo lo que habíamos presenciado no había sido el ejercicio de la libertad de expresión, no había sido un intento de revivir el árbol de la libertad con la sangre de patriotas y tiranos, como diría Thomas Jefferson… Había sido un grito de socorro. Y yo quería ayudarlos.

Ese ha sido el centro de mi vida desde 2003. Ayudar a las personas. Servicio público. Utilizar el poder que otorga la fama y la función pública para marcar la diferencia en las vidas de tantas personas como sea posible. Esa fue la dirección que tomó mi visión para el tercer acto de la película de mi vida.

Pero esto era algo distinto. Algo más. Estaba mirando todos esos videos y leyendo actualizaciones en vivo en Twitter e Instagram de personas que se encontraban allí. Manifestantes. Policías. Curiosos. Periodistas. Si pudieran comunicarse conmigo a través de las redes sociales, pensé, entonces podría ayudarlos.

En cuestión de segundos, una imagen se cristalizó en mi mente. Me vi sentado detrás de mi escritorio, empuñando la espada de Conan, dando un discurso que eliminara las divisiones inútiles entre nosotros, utilizando mi plataforma como nunca lo había hecho. Ese domingo di un discurso en mi Instagram con la esperanza de que, al hablarles de forma directa a las personas que se sentían más dolidas, pudiera ayudarlas a sanar. Conté mi historia. Hablé sobre la promesa de Estados Unidos. Luego sostuve en alto la espada de Conan, tal como había visualizado unos días atrás. Describí cómo esa espada podía ser una metáfora para nuestra democracia, si lo permitíamos. Expliqué que, cuanto más se exponga una espada a condiciones duras en el momento de forjarla —cuando la calientas, la golpeas, la enfrías, la templas una y otra vez— más fuerte, afilada y resistente se vuelve.

Llamé a mi discurso «El corazón de un servidor», no solo porque eso era lo que necesitábamos transmitir en ese momento para poder superar un momento tan oscuro, sino también porque sentí que se lo debía al país. Desde que tenía diez u once años, había pensado en Estados Unidos como el país número uno en el mundo, la democracia más grande de todas. Todo lo que tenía, todo lo que había hecho, la persona en la que me había convertido, Estados Unidos lo había hecho posible. Estados Unidos era el único lugar del planeta donde había podido convertir mi visión en realidad. Ahora estaba amenazado, y yo quería protegerlo con mi corazón de servidor. «El corazón de un servidor» también describía la visión que estaba desarrollando para utilizar mi presencia en las redes sociales y así ayudar a tantos como fuera posible, en todo el mundo, y hacerlo de manera mucho más directa que antes. Era la evolución de una visión de veinticinco años de servicio público en un nuevo cuarto acto, que quizás nunca se hubiera vuelto realidad si yo no hubiera creado el espacio diario para pensar, y para abrirle las puertas a la inspiración y las nuevas ideas.

Dar una caminata, ir al gimnasio, leer, andar en bicicleta, darte un baño en un jacuzzi, no me importa lo que hagas. Si estás atrapado, si estás luchando por descubrir una visión clara para la vida que quieres, lo que necesitas hacer es establecer pequeños objetivos para ganar impulso, crear el tiempo y el espacio necesarios todos los días para pensar, para soñar despierto, para mirar a tu alrededor, para estar presente en el mundo, para dejar entrar la inspiración y las ideas nuevas. Si no encuentras lo que estás buscando, al menos deja que te encuentre a ti.

VISUALÍZALO

Cuando digo que me vi sentado detrás del escritorio de la oficina de mi casa dando mi discurso del 6 de enero, lo digo en serio. Podía verlo con claridad, como si estuviera viendo una película en la mente. Ha sido así durante toda mi vida, con cada gran visión que he tenido de mí mismo.

Cuando era niño podía *verme* en Estados Unidos. No tenía idea de qué estaba haciendo, pero estaba allí. Podía sentir el sol tropical en la piel y la arena entre los dedos. Olía el océano y escuchaba las olas, a pesar de que no conocía ninguna de las dos cosas. Lo más cerca que estuve de ver olas fue cuando arrojaba grandes rocas a las aguas profundas del Thaler See, un lago artificial justo en las afueras de Graz, y observaba cómo se expandían las ondas. Cuando finalmente llegué a California, todas mis ideas preconcebidas estaban equivocadas, algunas para mejor y otras para peor (la arena apesta): pero, ante todo, el hecho de haber tenido imágenes tan vívidas fue la razón por la cual llegué a California.

Cuando me enamoré del fisicoculturismo, mi idea de convertirme en campeón no era vaga. Tenía una visión muy detallada, tomada de las imágenes de las revistas de fisicoculturismo, como la que retrataba a Reg Park celebrando sus victorias. Me veía en lo alto del podio sosteniendo el trofeo de ganador. Podía ver a los demás competidores en los escalones inferiores, mirándome con envidia, pero también con admiración. Veía sus sonrisas tensas, incluso los colores de sus calzones para posar. Veía a los jueces aplaudiendo de pie. Al público enloquecido coreando mi nombre. «¡Arnold! ¡Arnold! ¡Arnold!». Eso no era una fantasía. Era un recuerdo de algo que aún no había sucedido. Así lo sentía yo.

Como actor, incluso antes de obtener mi primer papel protagonista, podía ver mi nombre sobre el título de la película en los pósteres y marquesinas del cine, tal como había visto los nombres de Clint

Eastwood, John Wayne, Sean Connery y Charles Bronson sobre los títulos de sus propias películas, que me encantaban. Desde un principio, los productores y directores de *casting* insistían en que acortara mi nombre a Arnold Strong o algún otro apellido, ya que pensaban que Schwarzenegger era muy complicado de pronunciar. Es demasiado largo, decían. Algo que ellos no sabían, pero que yo podía ver claro como la luz del día, era que Schwarzenegger se ve jodidamente espectacular en letras GRANDES sobre el título de una película.

Sucedía lo mismo con la política. Durante años, había tenido experiencias maravillosas ayudando a la comunidad. Trabajé con atletas de las Olimpíadas Paralímpicas y con jóvenes en situaciones de vulnerabilidad en programas extracurriculares. Tuve el honor de ser nombrado presidente del Consejo Presidencial para la Aptitud Física y Deportes en 1990 y viajar por los cincuenta estados para liderar conferencias sobre *fitness*, destinadas a incentivar a nuestros niños a ser más activos. Estaba descubriendo que podía generar un impacto a gran escala, y comencé a barajar ideas sobre cómo podía ayudar a más personas, incluso entrando en el mundo de la política.

Durante un tiempo había estado albergando la idea de postularme para una candidatura, pero la visión de cómo se veía eso todavía era borrosa. La imagen estaba desenfocada. ¿Me postulo para el Congreso? ¿Me convierto en un megadonante? Algunas personas habían sugerido que me presentara a alcalde de Los Ángeles, pero ¿quién en su sano juicio querría ese trabajo ingrato? No lo podía visualizar. Pero en 2003, el gobernador de California, Gray Davis, se enfrentaba a una probable derrota electoral a manos de sus votantes. El estado era un completo desastre. Las personas y las empresas se iban. Había apagones continuamente. Los impuestos estaban por las nubes. Todas las semanas había malas noticias sobre California, y cada semana que pasaba yo me enfadaba aún más y esperaba con ansia que la derrota tuviera lugar. Cuando eso sucedió, la imagen apareció inmediatamente enfocada. Me vi sentado detrás del escritorio del gobernador en Sacramento, reunido con los miembros de una Asamblea controlada por los demócratas, trabajando para el pueblo, ayudando a California a retomar el buen camino. Me postularía y ganaría.

Veía con tanta claridad la imagen que podría haberla enmarcado y colgado en la pared. Era increíblemente similar a la visión que tendría en enero de 2021. Veía el escritorio. Veía lo que había sobre el escritorio. Veía qué ropa llevaba puesta, dónde se ubicarían las cámaras y la iluminación. Veía y sentía la espada de Conan en mis manos. Escuchaba cómo subía y bajaba el tono de mi voz, mientras exponía los mayores problemas que enfrentábamos y definía mis soluciones para ellos.

Pero antes de que continúe, reconozco que todo esto suena bastante a manifiesto esotérico y a palabrería, como el mensaje promovido por *El Secreto* y todos esos libros sobre la ley de atracción que publicitan esos artistas charlatanes. Esto es muy diferente. No estoy diciendo que solo con visualizar lo que quieres se convertirá en realidad. Claro que no. Tienes que desarrollar un plan y trabajar y aprender y fallar, y luego aprender y trabajar y fallar un poco más. Así es la vida. Esas son las reglas.

Lo que digo es que, si quieres que tu visión se concrete, si quieres incrementar las posibilidades de que tu éxito sea como esperabas cuando descubriste cómo querías que fuera tu vida, necesitas que tu visión sea lo más clara posible y debes grabártela como un tatuaje en los párpados.

Necesitas VERLA.

Los atletas de elite lo comprenden. Son maestros en visualizar sus metas. De hecho, la visualización ha marcado la diferencia entre los atletas buenos y los más grandes entre la élite de casi todos los deportes internacionales más importantes. El nadador olímpico Michael Phelps era famoso, ya desde adolescente, por visualizar sus tiempos parciales hasta la décima de segundo durante el entrenamiento, y cumplirlos una vez tras otra. Antes de cada tiro, el golfista australiano Jason Day retrocede un paso detrás de la pelota, cierra los ojos, visualiza su aproximación, desde su posición de salida hasta su *backswing* y finalmente el golpe, e imagina cómo la pelota llega al lugar donde apuntó. Durante los múltiples campeonatos mundiales en los que participó, el piloto alemán de Fórmula Uno Sebastian Vettel solía sentarse en su coche antes de las rondas clasificatorias, con los ojos cerrados, visualizando cada giro, cada cambio de marcha, cada zona de aceleración y frenado. Actualmente, casi todos los pilotos de Fórmula Uno son capaces de cerrar los ojos, colocar las manos al frente como si estuvieran sosteniendo el volante y conducirte por una vuelta rápida en los circuitos que recorren cada temporada.

La razón por la que lo hacen se debe a que lograr sus objetivos a un nivel tan alto es extremadamente difícil. Tan solo llegar a la categoría de élite y ser competitivo requiere un esfuerzo, habilidad y práctica inconmensurables. Si quieres ganar, necesitas más que solo habilidad y deseo. No puedes entrar en el círculo de los ganadores con solo desearlo. Necesitas visualizar el camino para lograrlo. Si observas cómo entrena la mayoría de los grandes luchadores de artes marciales mixtas, verás que al final de cada entrenamiento de tres o cinco rondas, se levantan y caminan por la colchoneta con los brazos en alto en ademán de victoria. Están visualizando el resultado de su próxima pelea. «Lo que "ves" es lo que puedes "ser"», era la famosa frase del psicólogo deportivo Don Mcpherson. Tienes que ser capaz de visualizar lo que quieres conseguir antes de hacerlo, no mientras lo haces. Esa es la diferencia.

Tan importante como saber qué es el éxito, es importante reconocer qué no lo es. En este mundo hay muchas cosas con las que puedes terminar conformándote, cosas que te conducirán a tener una versión falsa de tus objetivos y terminarán desviándote de tu camino, si la imagen mental que tienes de tu vida es apenas un tanto borrosa. Saber qué es el éxito y qué no lo es hará que tu visión se torne más clara, y yo descubrí que, con esa claridad, llega una sensación de calma, porque te resultará más fácil responder casi todas las preguntas.

En 1974, después de ganar mi quinto Mr. Olympia consecutivo, recibí una llamada del pionero del *fitness*: Jack LaLanne. Jack diseñó un conjunto de máquinas de entrenamiento y también creó el concepto de club de *fitness*. En ese momento tenía unos doscientos clubes, y quería que yo fuera su representante. Me convertiría en una especie de embajador del deporte, responsable de giras promocionales e imagen publicitaria. Me ofrecieron doscientos mil dólares al año. Eso era una gran cantidad de dinero en 1974. Todavía lo es. En ese momento, los mejores fisicoculturistas del mundo ganaban como máximo cincuenta mil dólares. Era una oferta fantástica. Y la rechacé al instante.

Ser representante a nivel nacional de una franquicia de gimnasios no era parte de mi visión. No porque creyera que aquello no estaba a mi altura ni porque me pareciera vergonzoso, en absoluto. Jack LaLanne era un héroe para cualquiera que se interesara por el ejercicio físico. El problema era que aceptar su oferta me alejaría de actuar en el cine, que era donde mi visión me estaba conduciendo en ese momento de mi carrera como fisicoculturista. Sabiendo eso, decir que no me resultó muy fácil. Me sentí cómodo rechazando todo ese dinero y la clase de fama diferente que ese trabajo me otorgaría. Si bien había dejado pasar una oportunidad increíble, me sentía tranquilo, porque también hubiera representado una gran distracción.

Si no puedes ver tu visión por completo —si no puedes imaginar qué es el éxito y qué no lo es— se vuelve muy difícil evaluar oportunidades y desafíos como ese. Se torna casi imposible saber con certeza si esas oportunidades te darán lo que quieres o algo parecido, y si eso «parecido» es suficiente para ti. Tener una imagen clara en la mente es lo que te ayudará a descubrir si lo que estás a punto de hacer, si esa decisión que debes tomar, es la diferencia entre pedir Coca-Cola y recibir Pepsi, o entre emprender tus vacaciones de ensueño a Hawái y terminar en Guam. Ambas son islas situadas en el Pacífico, ambas tienen buen clima, la moneda de ambas es el dólar, pero solo una de ellas tiene un *Four Seasons*.

El deporte te deja mucho menos margen de error. Conformarse con algo que se acerca a tu meta, que es una aproximación, puede significar la diferencia entre perder y ganar. Nadie hace deporte para *no* ganar. Así que ¿por qué pasar tu vida *no* intentando obtener exactamente lo que quieres? La vida no es una prueba de vestuario, tampoco una práctica o entrenamiento, es la realidad. Es lo único que tienes. Así que visualízala… y luego vívela.

MÍRATE AL ESPEJO

¿Qué ves cuando te miras al espejo? ¿Un ganador o un perdedor? ¿Alguien que es feliz o desdichado? ¿Alguien que tiene una visión o alguien que perdió el rumbo? Una pregunta más fácil: ¿de qué color son tus ojos? Y no me digas que son azules, castaños o lo que sea. Esas son respuestas estúpidas para tu permiso de conducir. ¿De qué color son, *realmente*?

No es tan fácil, ¿verdad?

Estas preguntas resultan difíciles para muchas personas. La mayoría odia mirarse al espejo. Y, cuando lo hacen, casi nunca se miran a los ojos. Es demasiado incómodo. Y aterrador. Porque, en general, la persona del espejo es un extraño que no se parece en nada a la persona que ven cuando cierran los ojos y se imaginan quién quieren ser.

Sin importar cuán incómodo resulte, debes mirarte al espejo todos los días para saber dónde estás. Debes conversar contigo mismo si quieres saber con certeza si te estás moviendo en la dirección correcta. Tienes que asegurarte de que la persona que te devuelve la mirada es la misma que ves cuando cierras los ojos y visualizas en quién intentas convertirte. Necesitas saber si tu visión se corresponde con lo que has elegido realmente.

Por supuesto que tienes que hacerlo para evitar perderte o sentirte inútil. Pero también para evitar convertirte en una mala persona. Según mi experiencia, el mundo del *fitness*, Hollywood y la política están repletos de personas increíbles. Conocí a muchas de ellas. También están repletos de imbéciles, idiotas y estúpidos. También conocí a muchos de ellos. Cada uno peor que el anterior. Si piensas que los dueños de los gimnasios son tacaños y no son de fiar, espera a conocer a ejecutivos de estudios cinematográficos cargados de dinero y carentes de buen gusto; o a políticos que piensan que el mundo gira a su alrededor, porque cuarenta mil personas los votaron en algún pequeño rincón de algún estado. Haber recorrido gran parte de estos mundos fue como moverme dentro de un juego de muñecas rusas, repleto de estupideces y de gomina. Y la realidad es que es muy fácil que te devoren si no estás seguro de ti mismo y de lo que quieres lograr.

La diferencia entre los buenos y los malos es simple y evidente: es autoconocimiento y claridad de visión. Los buenos saben específicamente qué están intentando lograr, y tienen la disciplina para determinar si sus elecciones resultan coherentes con su visión. Conectan consigo mismos de manera regular. Su visión cambia a medida que ellos cambian. Evoluciona y crece con ellos. Los buenos no le temen al espejo.

Los malos evitan el espejo como si fuera la peste. Muchos abandonaron su visión tiempo atrás y, como consecuencia, una versión más superficial y egocéntrica se apoderó de ellos y no los soltó nunca más. Nunca se tomaron el trabajo de determinar bien sus metas o de hacer *zoom* sobre cómo querían que su mundo se viera en la vida real si tenían éxito. Nunca sintieron esa necesidad. Esas son las personas que se dedicaron a las finanzas porque lo único que querían era enriquecerse. Eligieron Hollywood porque querían ser famosos. Optaron por la política porque querían poder. Y su visión nunca fue más allá, porque se conformaron con la versión más temprana y vaga cuando les convino. Alcanzaron el éxito en el ámbito que habían deseado siempre y, la verdad, si algo funciona, ¿para qué cambiarlo? Aunque no esté para nadie más.

Yo pasé mi vida adulta entera mirándome al espejo. Durante los últimos veinte años, como funcionario público y filántropo, el espejo tomó la forma de votos, resultados de encuestas, estadísticas y datos. Como gobernador de California, presidente del Consejo Presidencial para la Aptitud Física y los Deportes, y activista por el medioambiente no hay forma de evitar las cifras. El pueblo te demostrará, con sus palabras, votos y acciones, lo que piensa de ti y tus ideas. Te harán saber si te creen o no, o si creen en ti. Descubres con gran rapidez si tu visión es real o una fantasía cuando los números de las estadísticas hablan, cuando las encuestas arrojan resultados.

Veinte años antes, en Hollywood, la cámara y la pantalla cinematográfica eran mi espejo. Cualquier visión que yo tuviera en mente para el papel que buscaba desempeñar en una película, quedaba empañada en comparación con la imagen de diez metros que verían quinientas personas sentadas en la oscuridad. La cámara no miente. Filma en alta definición, totalmente enfocada, a veinticuatro fotogramas por segundo. En *Terminator*, solo estuve en pantalla durante veintiún minutos, pero ese tiempo representa más de treinta mil imágenes distintas capturadas para siempre. Lo que yo creía estar haciendo en esas escenas solo importaba si la audiencia veía lo mismo. Solo entonces podría considerarlo un éxito. Solo entonces podría afirmar que había cumplido con mi visión como actor en esa película.

Veinte años antes de eso, como fisicoculturista, el espejo era literalmente un espejo. Me miraba en él todos los días. Durante horas.

Era parte del trabajo. El espejo era una herramienta fundamental. No puedes saber si un ejercicio está funcionando como corresponde a menos que te mires hacerlo en el espejo. No puedes saber si un músculo alcanzó la masa o la definición suficientes hasta que lo contraes frente al espejo. No puedes saber si tienes todos tus movimientos dominados hasta que te paras frente a un espejo a practicar todas tus poses, una tras otra.

En la escena de apertura de *Pumping Iron*, Franco Columbu y yo estamos en una academia de *ballet* en Nueva York aprendiendo movimientos con una profesora. Estamos intentando mejorar nuestras poses. Ella nos va enseñando diferentes posiciones, ajusta nuestras posturas y nuestras miradas, suaviza nuestras transiciones para hacer que todo sea más fluido e impactante. Mientras trabajaba con nosotros, hizo gran hincapié en prestar atención a cómo nos movíamos entre las poses. Sobre el escenario, los jueces no solo te observan en los momentos clave cuando estás flexionando los músculos, cuando estás en tu mejor momento. «Lo que deben tener en cuenta», dijo, «es que les están observando todo el tiempo». ¡Tenía toda la razón! Quizás sean las poses estáticas las que terminan en las portadas de las revistas. Quizás así es como las personas que no estuvieron allí te conocerán. Pero quienes sí se están allí, quienes importan, estarán observándote y juzgando cada aspecto de cómo te mueves y cómo realizas las transiciones durante esos momentos clave.

Era una metáfora perfecta. La vida no solo se compone de momentos grandiosos o puntos álgidos. No se trata solo de lo que termina grabado en memorias ajenas o en fotos guardadas en álbumes. La vida también se trata de aquellos momentos intermedios. La vida sucede tanto en las transiciones como en las poses. Es toda una gran actuación, y, cuanto mayor sea el impacto que quieras que tenga esa actuación, más importantes se vuelven aquellos pequeños momentos.

Lo que no se llega a ver en esa primera escena, debido al ángulo de la cámara, es que las otras dos paredes de la academia de baile no son otra cosa que espejos. Tal como los fisicoculturistas, los bailarines también lo saben. No puedes crecer a menos que te observes trabajar. No puedes mejorar a menos que compares tu esfuerzo con lo que crees que deberías hacer, en tu corazón y en tu mente. Para protagonizar la actuación de tu vida, para alcanzar cualquier clase de visión, sin importar lo alocada o imposible que sea, necesitas tener la capacidad de ver lo que el mundo ve cuando te observa intentando conseguirla. Eso no significa cumplir con las expectativas del mundo, significa no tener miedo a pararte frente al espejo, mirarte a los ojos y realmente *ver*.

2

Piensa a lo grande

A finales de 1987, yo había asesinado a 283 personas. Más que cualquiera en Hollywood en ese momento, y con gran diferencia. Me llevó ocho películas, pero lo hice. Y significó algo para mí.

Significó que era una estrella de películas de acción. Mi nombre estaba sobre los títulos de la mayoría de mis películas. En enormes letras mayúsculas, tal como lo había visualizado:

SCHWARZENEGGER

Lo había logrado. Eso era lo que todos decían. Periodistas. Directores ejecutivos. Representantes. Mis amigos. Hablaban conmigo como si el trabajo hubiera terminado. Como si ya no tuviera nada más que demostrar. «Y ¿ahora qué, Arnold?», preguntaban, maravillados por el camino que había recorrido, y sin poder imaginar qué más podía hacer.

No estaban pensando a lo grande. Mis metas habían evolucionado. Crecían constantemente. Me había centrado en una visión más amplia. Yo no quería simplemente ser una estrella de acción que ganaba millones. Quería ser protagonista. Quería ser el actor mejor pagado de la industria.

Para lograrlo, necesitaba demostrar que yo era mucho más que músculos y destrucción. Tenía que exponer mi lado sensible, mi lado dramático, mi lado divertido, mi lado *humano*. Tenía que actuar en comedias.

Nadie creyó que fuera una buena idea. Los periodistas pensaban que fracasaría. Los directores ejecutivos creían que la audiencia no lo aceptaría. Mis representantes aseguraban que tendría que aceptar una reducción de salario. Algunos de mis amigos creían que sería una humillación para mí.

Me permití estar en desacuerdo.

El año anterior, me había hecho amigo del brillante productor y director de comedia Ivan Reitman. Le hablé sobre mi visión y sobre lo que quería hacer. Él había visto todas mis otras facetas que ahora quería mostrarle al mundo. Y él podía visualizarlo. Él veía lo mismo que yo cuando me imaginaba el próximo paso de mi camino.

Ivan también comprendía que el mundo de Hollywood se encuentra repleto de detractores. Que su instinto les haría mantenerme en mi lugar, porque eso era lo más fácil de comprender. «Arnold es un actor de acción, así que enviadle guiones para más películas de acción». No podía dirigirme a un grupo de ejecutivos y pedirles que me tuvieran en cuenta para su próxima gran comedia. Si quería ser una estrella de comedia, tendría que llevarles un proyecto y hacer que les resultara imposible rechazarlo. Así que eso fue lo que hice. Ivan le pidió a un grupo de amigos escritores que pensaran algunas ideas, luego nos reunimos y trabajamos en ellas hasta que encontramos una que nos gustó a ambos y que pensamos que a los estudios les encantaría.

Esa idea se convirtió en *Los gemelos golpean dos veces*. Una comedia sobre dos hermanos gemelos, Julius y Vincent, creados en un laboratorio y separados al nacer, que se reencuentran treinta y cinco años más tarde. Yo interpretaba a Julius, el «perfecto». Vincent, un delincuente de poca monta a quien Julius saca bajo fianza de la cárcel cuando tienen su primer encuentro, es interpretado por Danny De-Vito.

Éramos un equipo increíble. Yo acababa de rodar *Comando* y *Depredador*. Danny acababa de terminar la película *Tras la esmeralda perdida*, después de cinco temporadas de *Taxi*. E Ivan acababa de dirigir *Los cazafantasmas*. ¿Quién se negaría a hacer una comedia con nosotros?

Bueno, al parecer casi todos en Hollywood. Todos estaban entusiasmados con el concepto, pero algunos directores ejecutivos no aceptaban la idea de tenerme como protagonista cómico. No creían que pudiera lograrlo junto a Danny, que era un genio de la comedia. Otros simplemente no creían que pudiera lograrlo, sin importar quién estuviera a mi lado. Y luego estaban aquellos que comprendían la idea y a quienes les gustaba el potencial cómico de nuestro dúo, pero que no podían costear la inversión ante la posibilidad del fracaso. Nosotros tres nos encontrábamos en lo más alto; no éramos baratos. Si el estudio nos pagaba la tarifa que pedíamos, la película sería muy cara de rodar y tendría que ser un éxito enorme para lograr el rédito que ellos buscaban.

Ivan, Danny y yo nos reunimos para pensar un plan. Nos encantaba el guion y confiábamos en que la película sería un éxito, si el estudio nos daba el dinero para filmarla. Solo necesitábamos encontrar la manera de lograr que un detractor cambiara de opinión. Nuestra solución fue reducir el riesgo del estudio tanto como fuera posible, por lo que no pediríamos un adelanto. Si el estudio aceptaba filmar nuestra película, nosotros tres aceptaríamos no cobrar un salario. En su lugar, cobraríamos una parte de la ganancia neta, llamada «ganancia diferida» en idioma Hollywood. Solo ganaríamos dinero si el estudio también ganaba.

Sabíamos que estábamos intentando algo difícil. En aquellos días, los estudios casi nunca pagaban ganancias diferidas a actores. (Siguen sin hacerlo). Este proyecto implicaba un riesgo profesional real para cada uno de nosotros. Y diferir nuestro pago también implicaba un riesgo financiero. Pero nosotros creíamos que, si lo hacíamos, había que comprometerse de verdad.

Quien nos brindó su apoyo fue Tom Pollock, el presidente de Universal. Tal como Ivan había compartido mi visión de convertirme en protagonista, Tom vio lo mismo que nosotros con respecto al potencial de *Los gemelos golpean dos veces*. ¡Incluso intentó que aceptáramos dinero por adelantado, ¡aunque parezca increíble! Pero nos mantuvimos firmes, nos atuvimos al plan inicial, y Tom nos dio lo que buscábamos.

A comienzos de 1988, estábamos en fase de producción en Santa Fe, Nuevo México. A principios de 1989, no solo habíamos logrado organizar un preestreno para el presidente electo George H. W. Bush en el centro Kennedy, sino que habíamos alcanzado y superado los cien millones de dólares en las taquillas nacionales. Ninguna de mis anteriores películas lo había logrado. Incluso a día de hoy, nadie me cree cuando digo que *Los gemelos golpean dos veces* es la película con la que gané más dinero de toda mi carrera.

WENN SCHON, DENN SCHON

Existe solo una persona con la que trabajé en Hollywood que está más loca que yo cuando se trata de pensar a lo grande. James Cameron. Jim y yo hemos sido amigos durante casi cuarenta años. Hemos hecho tres películas juntos. Dos de ellas, *Terminator 2* y *Mentiras arriesgadas*, fueron las películas más ambiciosas jamás filmadas en el momento de su estreno. *Mentiras arriesgadas* fue la primera película en tener un presupuesto de producción oficial superior a los cien millones de dólares.

Pero donde Jim realmente supera a todos los demás es en su capacidad de comprometerse por completo con sus proyectos. Lo ha hecho innumerables veces. En alemán tenemos un dicho: *wenn schon, denn schon*. Una traducción aproximada sería «si tienes que hacer algo, HAZLO. Esfuérzate al máximo». Jim es la personificación de ese dicho. Siempre lo fue, desde que lo conozco.

Creo que es algo que desarrolló de manera temprana cuando era diseñador de maquetas y de producción. En esos dos trabajos tu meta es hacer que las cosas luzcan tan realistas y auténticas como sea posible. Para lograrlo tienes que comprometerte de verdad con tu tarea. No puedes hacerla a medias. Cuando quieres lograr realismo, «se parece bastante» no es aceptable. Tiene que ser perfecto siempre. No puedes dejar ningún detalle de lado. La imagen general y los pequeños detalles importan por igual.

De hecho, sucede lo mismo con el fisicoculturismo. Existen cuatro criterios de evaluación en toda prueba de fisicoculturismo: masa muscular, proporción, definición y presencia en el escenario, poses. Dentro de cada una de estas categorías hay mil aspectos que debes trabajar para maximizar tu puntuación. Si quieres ganar, debes tener la capacidad de centrarte tanto en los aspectos principales como en los detalles.

En Miami, en 1968, perdí mi primera competición en Estados Unidos porque no logré alcanzar los objetivos de una de las cuatro categorías: la definición. El ganador, un tipo más pequeño llamado Frank Zane, tenía un cuerpo mucho más definido que el mío. Mi cuerpo era demasiado liso. Había descuidado una categoría importante. Entonces, un mes más tarde, tras mudarme a *Venice* y comenzar a entrenar en *Gold's Gym*, me di cuenta de que la razón por la que había descuidado un punto tan importante era porque estaba fallando en un par de detalles pequeños: la sección media y las pantorrillas.

Los profesionales en Estados Unidos se centraban mucho más en los músculos individuales de la sección media, en comparación con lo que hacíamos en Europa. Nosotros ejercitábamos los abdominales levantando el tronco y llevando las rodillas al pecho, ejercicios típicos para trabajar los abdominales inferiores y superiores, pero no dividíamos nuestro entrenamiento más allá de eso —o al menos yo no lo hacía— para definir los oblicuos, el transverso abdominal o el serrato ubicado debajo de los pectorales. Se puede ver la diferencia entre Frank y yo en las fotografías del escenario en Miami. Yo luzco unos abdominales marcados normales, que se ven bien, pero Frank parecía tener los músculos de la sección media trazados como en un libro de anatomía, esculpidos en granito. Tenía que empezar a hacer lo que él y otros profesionales de Estados Unidos estaban haciendo, solo que durante más tiempo y con mayor intensidad.

Luego estaba el tema de las pantorrillas. No son un aspecto principal como los músculos más grandes (los pectorales y dorsales) o los «músculos de playa» (bíceps y deltoides), pero son igual de importantes si quieres ganar. Cumplen una función fundamental en crear la perfecta simetría de un cuerpo perfecto basado en el ideal griego. Si quieres alcanzar la grandeza, tienes que ocuparte de las pantorrillas.

Desafortunadamente, son muy difíciles de desarrollar, porque son músculos de contracción lenta que están hechos para resistir, ya que los utilizamos todos los días para caminar. En aquel momento, muchos fisicoculturistas tenían dificultades para ganar masa muscular allí, de modo que, o aceptaban su destino, o se olvidaban de ellos. Esto es más fácil de lograr de lo que piensas, ya que en general están cubiertos por pantalones o calcetines, y echarles un vistazo es realmente difícil, incluso en los espejos del gimnasio.

Pero yo veía que los míos no tenían el tamaño suficiente. Las pantorrillas son básicamente los bíceps de las piernas. Yo tenía bíceps de sesenta centímetros. Pero mis pantorrillas no alcanzaban esa medida. Para mí, eso hacía que mi cuerpo se viera desproporcionado, lo que ponía en riesgo mis posibilidades de ganar el Mr. Olympia y convertirme oficialmente en el mejor fisicoculturista del mundo. Y yo no era la clase de persona que dejaría que eso sucediera. No dejaría que un pequeño detalle se interpusiera en mi camino y pusiera en riesgo mi visión más grande. Había llegado a Estados Unidos para convertirme en el mejor del mundo. Si tenía que hacerlo, lo *haría*.

El día en el que me di cuenta de lo de mis pantorrillas corté las perneras de todos mis pantalones para no dejar de verlas en el espejo mientras trabajaba con los otros grupos de músculos. Luego comencé a trabajar en ellas todos los días. Antes solía ser lo último en lo que trabajaba antes de irme del gimnasio, pero ahora era lo primero que hacía al entrar. Levantar unos cuatrocientos cincuenta kilos en la máquina de elevación de pantorrillas y muchas repeticiones. Siete días a la semana. No solo no podía evitar verme las pantorrillas mientras caminaba por el gimnasio, ahora mis competidores también comenzaban a notarlas a medida que crecían.

Un año más tarde, gané el primero de mis siete títulos Mr. Olympia. ¿Acaso todas esas series de ejercicios para abdominales y pantorrillas marcaron la diferencia? Probablemente sí. Pero te garantizo que hubieran marcado la diferencia si *no* los hubiera hecho.

Jim comprende todo esto. Es una de las razones por las que el coste de producción de *Titanic* fue de 200 millones de dólares, mucho más que cualquier otra película filmada hasta el momento. Cuando comenzó a pensar en rodar *Titanic*, quería contar la historia del naufragio más famoso de la historia, de una manera en la que nadie la había experimentado antes, porque él la había experimentado como casi nadie más. En 1995, llevó el compromiso a su máxima expresión. Se sumergió en lo más profundo del océano a bordo de un sumergible ruso, y vio el naufragio del *Titanic* con sus propios ojos. Quería que la audiencia sintiera lo mismo que él. Quería que los espectadores se sintieran allí mismo en el medio del Atlántico norte, hundiéndose con el barco. Quería sumergirlos en la historia y la extravagancia del barco de pasajeros más grande alguna vez construido. «Tiene que ser perfecto», dijo.

De modo que alcanzó la perfección. Construyó su propio *Titanic*. Dentro de un gigantesco tanque de agua que costó 40 millones de dólares, en la playa de Baja, México. El barco tenía doscientos treinta y seis metros de longitud. Una réplica *exacta* casi a escala completa. Tenía una sección delantera que podía inclinarse hacia el agua y una enorme popa que se desprendía y caía en un ángulo de noventa grados. Dentro del barco también había construido escenografía que se inclinaba. En el exterior, construyó una compleja estructura de cámaras e iluminación montada sobre una plataforma suspendida de una grúa, que a su vez se movía hacia adelante y hacia atrás, arriba y abajo, junto al casco del barco.

Era un proyecto increíblemente ambicioso. Combinado con todo el trabajo de efectos especiales que debían estar perfectamente integrados con los efectos mecánicos que él y su equipo filmaban en el estudio, había muchas posibilidades de que todo saliera mal. Si no se cuidaba cada uno de los detalles, la película podía resultar mala, aburrida o poco realista.

Para lograr lo que había imaginado, Jim sabía que tenía que dar el máximo. Nada de conformarse ni tomar atajos. Nada de puntos medios, de descuidos. Cada uno de los detalles del estudio tenía que ser históricamente correcto. La alfombra, el mobiliario, la vajilla, el candelabro de techo, el tipo de madera para la barandilla, todo era exactamente igual a como había sido en 1913. Hasta tenía todos esos platos estampados con el emblema de la famosa compañía naviera White Star Line. Incluso se reunió con los extras y les contó la historia que había imaginado para sus personajes. Dio el máximo, y también un poco más.

El rodaje duró siete meses. La película se estrenó en Estados Unidos el 19 de diciembre de 1997. Recaudó veintiocho millones de dólares en su primera semana y había superado los cien millones para fin de año. Al final de temporada, *Titanic* había ganado 1,8 mil millones de dólares en la taquilla mundial, lo que la convertiría en la película más exitosa de todos los tiempos. Conservó ese honor durante los siguientes doce años, hasta que una película aún más ambiciosa la destronaría, *Avatar*, el siguiente proyecto de Jim.

¿Acaso la voluntad y la capacidad de Jim de comprometerse al máximo marcó la diferencia en *Titanic* y luego en *Avatar*? No lo sé. Pero os garantizo que hubiera marcado la diferencia de no ser así.

Esto no se trata solamente de cómo deberías pensar acerca de perseguir tus metas, se trata también de cómo deberías lograrlas, sin importar cuán grandes o pequeñas sean en comparación con las de los demás.

Si eres la primera persona de tu familia en ir a la universidad, no te emborraches ni pierdas tiempo para luego salir tan solo con un papel en la mano. Sueña con aprender algo que cambiará tu vida. Sueña con mejorarte a ti mismo. Sueña con graduarte con honores, no solo con obtener el diploma.

Si quieres ser policía, no aspires solo a obtener tu placa o tu pensión, aspira a ganar medallas. Busca hacer el bien y ser un ejemplo para los demás.

Si quieres ser electricista o mecánico, no sueñes solo con tener tu propia tienda y dormir durante las clases sin valorar tu etapa de formación. Aprende tu oficio con seriedad y trabaja para ser muy bueno y convertirte en una pieza valiosa para tu comunidad.

Si tu mayor deseo en la vida es ser padre, no creas que simplemente debes pagarlo todo y que garantizar cosas materiales es tu único trabajo. Conviértete en un gran ejemplo a seguir, que crie hijos sanos y afectuosos que a su vez saldrán al mundo y harán cosas maravillosas.

Lo que estoy diciendo es que, si vas a hacerlo, *hazlo*. No solo porque comprometerte al máximo posiblemente te asegure el éxito, sino porque no hacerlo garantizará tu fracaso. Y no solo serás tú quien sufra como consecuencia de ello.

Es como dice esa frase motivacional cursi: *Apunta a la Luna. Incluso si fallas, ¡terminarás entre las estrellas!* Dejando de lado que quien la inventó nunca fue a clase de astronomía, el hecho es que, si apuntas a una meta grande y lo das todo y fallas, está bien, porque probablemente hayas hecho algo grandioso: graduarte en la universidad, convertirte en policía, mecánico, padre, etcétera.

Pero la otra cara de la moneda también es cierta, y quizás más importante. Si tan solo quieres lograr una meta pequeña, la meta más grande queda automáticamente fuera de tu alcance, en parte porque ya no tienes la motivación para dar el máximo, y concéntrate en las pequeñas cosas que marcan la diferencia entre la grandeza y el conformismo.

Si me conformo con ser Mr. Austria o Mr. Europa, posiblemente no me preocupe demasiado por la definición de mis serratos o el tamaño de mis pantorrillas y, como consecuencia, Mr. Olympia nunca se cruzará en mi camino. Si Jim se conforma con filmar una entretenida película de aventuras acerca del *Titanic*, entonces quizás no se preocupe demasiado por el emblema de una tetera que la audiencia nunca verá, o la historia de la vida de un extra que nunca hablará a la cámara. Y *Avatar* nunca saldrá a la luz.

Esto no quiere decir que convertirse en Mr. Austria o filmar una película entretenida no sean visiones valiosas, o que tener un diploma, tu propio garaje o un hijo no sean cosas de las que enorgullecerse. Simplemente no son excusas para dar menos de ti. Sin importar la grandeza de tu sueño, si no te exiges, si no te esfuerzas al máximo, si no cortas las perneras de tus pantalones cuando la situación lo exija, solo terminarás decepcionándote a ti mismo. «No hay hombre más infeliz», dijo el filósofo estoico Séneca, «que el que nunca enfrenta la adversidad. Porque no se le permite probarse a sí mismo».

IGNORA A LOS DETRACTORES

Siempre habrá personas en tu vida que dudarán de ti y de tu sueño. Te dirán que es imposible. Que no puedes hacerlo o que no se puede lograr. Cuanto más grande sea tu sueño, sucederá con mayor frecuencia y conocerás más personas que piensen así.

A lo largo de la historia, un gran número de nuestros mejores artistas y mentes creativas tuvieron que lidiar con personas como esas, personas que no los comprendían. El autor de *El señor de las moscas* fue rechazado por veintiún editoriales. J. K. Rowling acumuló doce rechazos a su manuscrito original de *Harry Potter*. El fantástico artista de cómics Todd McFarlane fue rechazado trescientas cincuenta veces por diferentes editoriales. Andy Warhol regaló uno de sus dibujos al Museo de Arte Moderno, ¡y se lo devolvieron! Los productores de *El padrino* despidieron a Ford Coppola en múltiples ocasiones porque no creían en su versión de la historia. Múltiples sellos discográficos cerraron la puerta a U2 y a Madonna antes de que lograran sus primeros contratos.

Lo mismo pasa en el mundo de los negocios. Los fundadores de Airbnb se enfrentaron al rechazo de los siete inversores a los que les presentaron el proyecto cuando intentaron recaudar fondos por primera vez. A Steve Jobs lo despidió su propia empresa. La primera compañía de animación de Walt Disney se declaró en bancarrota. Netflix intentó vender su empresa a Blockbuster por cincuenta millones de dólares, pero los de Blockbuster los rechazaron entre risas. Jack Ma, el fundador de Alibaba, fue rechazado diez veces por Harvard, y, en un momento dado, ni siquiera pudo conseguir un trabajo en *Kentucky Fried Chicken*. Casi siempre los inventores de prácticamente cualquier avance tecnológico del siglo XX se enfrentaron a las burlas de alguien que «sabía más» y que consideraba que el avance era absurdo o poco práctico o simplemente estúpido. Arthur Jones, el inventor de la máquina de gimnasio *Nautilus*, recibió una carta de rechazo por parte de un detractor que decía: «¿Quieres obtener un desarrollo muscular uniforme y constante de todos los músculos? Eso es imposible. Es simplemente una realidad de la vida».

Lo único que estas personas brillantes tienen en común es que, frente a la duda y el escepticismo, siguieron intentándolo.

Los detractores son una realidad de la vida. Eso no significa que puedan decidir sobre *tu* vida. No son malas personas. Solo que no son útiles para alguien como tú. Tienen miedo a lo inesperado y desconocido. Tienen miedo a correr riesgos y exponerse. Nunca han tenido el coraje de hacer lo que tú intentas hacer. Nunca han creado una gran visión para la vida que desean, ni tampoco diseñado un plan para hacerla realidad. No se han comprometido con nada. ¿Quieres saber cómo lo sé? Porque, si hubieran hecho todo eso, nunca te dirían que te rindieras o que lo que intentas es imposible de lograr. No, te hubieran incentivado, ¡tal como lo estoy haciendo yo!

Cuando se trata de tú y tus sueños, los detractores no tienen idea de lo que están hablando. Y si no han hecho nada de lo que tú estás intentando lograr, la pregunta que debes hacerte es: «¿Por qué debería escucharlos?».

La respuesta es no deberías. Debes ignorarlos. O mucho mejor, escuchar lo que tienen para decir y utilizarlo como motivación.

A medida que me acercaba a mi última competición de Mr. Olympia en 1975, di muchas entrevistas a periodistas de diferentes revistas de fisicoculturismo y *fitness*, así como a medios de comunicación de mayor alcance. Todos me hacían las mismas dos preguntas: ¿por qué abandonaba el fisicoculturismo y qué haría a continuación? Les respondí a todos lo mismo. Les dije la verdad. Había logrado todo lo que alguna vez había soñado y mucho más en el ámbito del fisicoculturismo. Ya no sentía la misma alegría que antes al ganar trofeos, y para mí todo se trataba de alegría. Quería un desafío nuevo. Les respondí que quería comenzar a promocionar competiciones de fisicoculturismo. Y también actuaría, me convertiría en actor protagonista.

Puedo contar con los dedos de una mano el número de periodistas que me oyeron describir mis metas para la actuación y dijeron algo parecido a lo que Ivan Reitman diría diez años más tarde: «¿Sabes qué? Puedo verlo». Muy pocos dijeron algo por el estilo. El resto hizo una mueca, puso los ojos en blanco o se rieron abiertamente ante la idea. Incluso las personas que estaban alrededor, como los fotógrafos y camarógrafos, también soltaron risitas. Se oyen en algunos de los videos que todavía existen sobre aquellas entrevistas.

Pero yo no me enfadé. Di la bienvenida a sus dudas. Quería escucharlos reír cuando les dijera que quería ser actor. Me motivaba. Lo necesitaba. Por dos razones.

En primer lugar, como sucede con cualquier visión ambiciosa, entrar en el mundo de la actuación es difícil, seas quien seas. Y, considerando la manera en la que yo quería hacerlo, teniendo en cuenta mi pasado, sería extremadamente difícil. No quería convertirme en otro actor que condujera por Los Ángeles todos los días, presentándose a audiciones para papeles que tenían tan solo un par de líneas. Quería ser otro Reg Park e interpretar personajes legendarios como Hércules, o el próximo Charles Bronson y convertirme en un héroe de acción que se encarga de eliminar a los malos. En un principio, asistía a reuniones con directores de *casting* y productores. Me escuchaban describir lo que quería hacer y luego me proponían interpretar a un tipo duro, un guardia de seguridad o un soldado. Decían cosas como: «¡Las películas de guerra siempre necesitan nazis!», como si debiera sentirme feliz o satisfecho con esos papeles. Recuerdo una de las primeras ocasiones en las que mencioné mi deseo de actuar, quizás incluso antes de ganar mi primer Mr. Olympia, y uno de los tipos en *Gold's*, que era doble en escenas de riesgo en la televisión me dijo: «¡Puedo conseguirte trabajo en *Hogan's Heroes* ahora mismo!». Además de todo el trabajo arduo que me llevaría convertirme en un gran actor —clases de actuación, improvisación, idiomas, dicción y baile— necesitaría toda la motivación posible para superar la resistencia de los detractores que ocupaban puestos de poder e influencia y se interpondrían en mi camino.

En segundo lugar, necesitaba sus dudas y risas, porque me servían. Lo que aprendí creciendo en Austria es que toda forma de motivación implicaba refuerzos negativos. Todo, siempre negativo, desde los primeros días de mi infancia. Por ejemplo, uno de los libros de cuentos alemanes más populares se llamaba *Der Struwwelpeter*. Son diez fábulas sobre cómo los niños traviesos pueden arruinar las vidas de todos con consecuencias horripilantes. En época navideña, cuando San Nicolás visita tu hogar para entregar regalos a todos los niños y niñas buenos, se presenta junto a Krampus, una criatura demoníaca de cuernos gigantes, cuya misión es castigar a todos los niños malos y darles un buen susto. En pequeños pueblos como Thal, los padres de los niños visitaban las casas durante la festividad de San Nicolás disfrazados con una máscara de Krampus para aterrar a los niños de cada familia. Mi Krampus era nuestro vecino del piso de abajo. Mi padre también era Krampus para un gran número de familias del pueblo.

Krampus y *Der Struwwelpeter* cumplían su trabajo. Hacían que los niños se portaran bien. Pero para un grupo selecto, cuya naturaleza era diferente, esa clase de refuerzo negativo producía algo más: motivación. No para «ser buenos», sino para escapar. Para salir de allí, para centrarse en lograr cosas más importantes y mejores. Yo era uno de esos niños. Y, desde entonces, he podido transformar cualquier clase de negatividad en motivación. La forma más rápida de obligarme a levantar doscientos veinticinco kilos en el banco es decirme que no lo puedo hacer. La forma más fácil de lograr que me convirtiera en actor era reír cuando yo contaba mis planes y decirme que no lo podría lograr.

Tienes dos opciones frente a los detractores que se interponen en el camino hacia tus metas. Puedes ignorarlos o utilizarlos, pero jamás creerles.

SIN PLAN B

En cuanto me convertí en gobernador de California en el año 2003, aparecieron numerosos detractores entre los miembros del gobierno. Los del partido demócrata no estaban dispuestos a escucharme porque yo era un republicano que quería que el estado viviera con sus propios recursos, sin gastar el dinero de las generaciones futuras. Los republicanos no confiaban en mí debido a mi postura sobre temas como el medioambiente, las leyes sobre tenencia de armas y la reforma del sistema de salud. Me enfrentaba a una situación delicada, pero debía ignorarlos. Tenía que dejar a un lado la resistencia que oponían a mis ideas. Mi trabajo era encontrar la manera de trabajar con todos ellos y aprobar leyes que ayudaran a los ciudadanos de California.

Eso significaba llegar a acuerdos. Siempre que pudiéramos encontrar puntos en común, y yo no sintiera que estábamos decepcionando a los ciudadanos o dificultando sus vidas, trabajaría con los miembros del gobierno en los proyectos de ley cuyos objetivos pudiéramos acordar previamente. Con el tiempo, los líderes de Sacramento se dieron cuenta de que yo era una persona razonable y considerada. No era un fanático partidista, era honesto. Podíamos trabajar juntos. Pero durante aquellos primeros años, cuando intentaba llevar las cosas a buen término, siempre había un momento al final de las reuniones que lentamente enfocaba una nueva visión sobre mi trabajo como gobernador.

Esto es lo que sucedía: mi equipo y yo nos reuníamos con legisladores para debatir un proyecto. Yo informaba cuál sería el coste, cómo ayudaría a la gente de sus distritos y cuán agradecido estaría si pudiera contar con su apoyo. Ellos respondían que llevaban necesitando algo así desde hacía mucho tiempo, y afirmaban que sería algo bueno para sus representados. Y en ese momento sucedía. Se echaban hacia atrás en sus sillas y decían: «Me encanta…, pero no puedo llevar esto a mi distrito».

Como novato en esa clase de estrategia política, no comprendía de qué estaban hablando. ¿Qué quieren decir con que no pueden llevar esta iniciativa a sus distritos? Súbanse a un maldito avión, regresen a sus distritos, siéntense en sus despachos, reúnanse con sus electores y cuéntenles lo que estamos intentando hacer aquí en Sacramento.

Ellos respondían que, si proponían esa iniciativa a sus electores, perderían la próxima elección frente a alguien de su propio partido, que alegaría que el apoyo a ese proyecto de ley era una prueba de que no eran, ni totalmente liberales, ni totalmente conservadores. Afirmarían que sus «escaños estaban garantizados», y apoyar ese proyecto de ley pondría en riesgo los votos… *para ellos*.

Hablaban del impacto de la manipulación de los límites de los distritos mediante el *gerrymandering* (término de ciencia política referido a una manipulación de las circunscripciones electorales de un territorio, con el objeto de producir un efecto determinado sobre los resultados electorales). Quedé impactado cuando descubrí cuán extenso era ese fenómeno, no solo en California, sino en todos los mapas electorales a lo largo y ancho del país, en todos los niveles. ¡Y esto había estado sucediendo durante doscientos años! Cuando descubrí que una de las grandes razones por las no se aprobaba ninguna ley importante residía en cómo se diseñaban los distritos electorales —práctica que sucedía cada diez años a manos de los mismos políticos que se beneficiaban de la modificación de los límites de los distritos—, supe en ese mismo instante que debíamos arreglar esos mapas. Se convirtió en uno de mis objetivos principales como gobernador.

A juzgar por la reacción de ambos partidos cuando presenté una medida para reformar la delimitación de los distritos electorales en la votación de 2005, uno pensaría que estaba intentando quitarles su provisión gratuita de chapas con la bandera estadounidense. A nadie le pareció una buena idea. Muchos políticos estaban enfadados.

Todos afirmaban que era imposible, que no sucedería y que yo no lo podría hacer.

Ese fue su primer error. Cuando ganaron en 2005 y la medida de reforma fue rechazada en las urnas, todos actuaron como si el tema se hubiera terminado. Pensaron que simplemente me rendiría y me concentraría en algo distinto, en otras prioridades.

Ese fue su segundo error. Cuando me centro en algo, como la reforma del trazado de los distritos electorales, eso se convierte en mi objetivo; no lo dejo ir, no lo suelto. No me rindo. Y no puedo ceder. No hay plan B. El plan B consiste en que funcione el plan A.

Que es exactamente lo que sucedió.

Durante los siguientes tres años lo presenté una y otra vez. Hablé con aquellos que estuvieran dispuestos a tener una conversación abierta y honesta sobre el *gerrymandering*. Pedí opiniones diversas acerca de la mejor manera de lograr un cambio real. Para la elección de 2008, volqué todo ese trabajo en una nueva medida de reforma de los distritos electorales, mucho más contundente que la que había propuesto en 2005. Aquella iniciativa había perdido por diecinueve puntos. En cambio, la de 2008 ganó con casi el doble de los votos que había obtenido la primera propuesta. En tres años, básicamente habíamos logrado duplicar el apoyo de los votantes para la reforma y a depositar el poder de diseñar los mapas electorales en manos del pueblo.

Esto es lo que sucede cuando piensas a lo grande con tus metas. Cuando te comprometes al máximo. Cuando ignoras a los detractores. Cuando te mantienes firme. Suceden cosas buenas para ti y las personas que te importan a un nivel que nadie creía posible.

Déjame decirte algo: nunca salió nada bueno de un plan B. Nada importante o trascendente. El plan B es peligroso para cualquiera que sueña a lo grande. Es un plan para fracasar. Si el plan A es el camino menos transitado, si se trata de ti abriéndote camino hacia la visión que has creado para tu vida, entonces el plan B es el camino con menor oposición. Y una vez que sabes que ese camino existe, una vez que lo has aceptado como opción, resulta muy fácil seguirlo cuando las cosas se vuelven difíciles. ¡A la mierda el plan B! En el momento en el que creas un plan alternativo, no solo le estás dando voz a los detractores, sino que reduces tu propio sueño al reconocer la validez de sus dudas. Peor aún, te transformas en tu propio detractor. Y ya hay muchos de ellos allí afuera; no necesitas unirte a sus filas.

BATE RÉCORDS Y ABRE CAMINOS

Hay una historia acerca de Sir Edmund Hillary, la primera persona que llegó a la cumbre del monte Everest. Cuando regresó al campamento base, los periodistas le preguntaron cómo era la vista en la cima del mundo. Él respondió que era increíble, porque mientras estaba allí había visto otra montaña en la cordillera del Himalaya que aún no había escalado, y ya estaba pensando en la ruta que haría para lograrlo.

Cuando alcanzas la cima de la montaña, logras una perspectiva nueva sobre el mundo, sobre el resto de tu vida. Ves desafíos nuevos que antes estaban ocultos y piensas en los antiguos desafíos con otra mirada. Con esa victoria descomunal bajo el brazo, todo se vuelve accesible. Después del Everest, Hillary logró llegar a la cumbre de otras montañas que aún no habían sido escaladas, como la que les mencionó a los periodistas. Después del éxito de *Terminator* y *Depredador*, di un giro hacia la comedia y actué en *Los gemelos golpean dos veces* y en *Poli de guardería*, y ambas fueron las películas más taquilleras que había hecho hasta el momento. Tras esculpir su *David*, Miguel Ángel no dejó de crear, pintó el techo de la Capilla Sixtina, una de las obras de arte más majestuosas del Renacimiento italiano. Tras cofundar PayPal y revolucionar el sistema bancario *online*, Elon

Musk no reunió todo su dinero y se marchó a casa. Fundó SpaceX y revolucionó los viajes espaciales, luego se unió a Tesla y ayudó a revolucionar la industria de los coches eléctricos.

Cumplir un sueño te otorga el poder de ver más lejos y más profundo, más lejos en el mundo hacia lo que es posible, y más profundo en ti mismo para descubrir lo que eres capaz de lograr. Por ello hay tan pocas historias de personas que lograron algo grande y luego hicieron las maletas y se mudaron a una isla privada y desaparecieron para siempre. Aquellos que piensan a lo grande y tienen éxito, casi siempre continúan intentándolo, esforzándose y soñando a lo grande. Piensa en la última vez que lograste algo difícil y que te llenó de orgullo. No dejaste de hacer cosas después de eso, ¿verdad? Por supuesto que no. Ese éxito te permitió tener más confianza para hacer otras cosas. *Cosas nuevas.* Así son las grandes mentes. Quizás no alcancen el nivel de su logro más importante. El mundo de la música está repleto de autores de una sola canción de éxito. Hay muchos escritores que solo crearon un gran libro, o directores que filmaron una sola gran película. Pero nunca dejaron de trabajar ni de soñar. Nunca dicen: «Lo logré, mi trabajo ha terminado». Mientras estén vivos, seguirán trabajando para lograr la visión de la vida que desean vivir.

Pensar a lo grande y tener éxito provoca algo en nosotros. Sin duda lo provocó en mí. Se volvió adictivo, porque aprendí que los únicos límites que verdaderamente existen están en nuestras mentes. Me di cuenta de que nuestro potencial es ilimitado, ¡el mío y el tuyo! Lo que es igual de poderoso, creo, es que otras personas también descubren que su potencial es ilimitado, cuando ven que alguien como tú o yo derribamos barreras y abrimos caminos nuevos. Cuando nosotros pensamos a lo grande y convertimos nuestros sueños en realidad, los sueños de los demás también se vuelven reales.

Durante treinta y dos años, hubo nueve expediciones fallidas al Everest antes de que Sir Edmund Hillary y su sherpa, Tenzing Norgay, alcanzaran la cima el 29 de mayo de 1953. En los tres años posteriores, cuatro alpinistas suizos también lo lograrían. En treinta y dos años, el mismo tiempo que se había tardado en lograr el primer ascenso de éxito, más de doscientos alpinistas llegarían a la cima del Everest. El día anterior a que Hillary llegara a la cima, un levantador de pesas canadiense llamado Doug Hepburn, fue la primera persona que levantó doscientos veintiséis kilogramos de fuerza en el banco. Durante décadas, la marca de doscientos veintiséis kilos había sido mítica para la fuerza en banco. Hacia el final de la década, Bruno Sammartino aplastaría el récord de Hepburn y levantaría doscientos cincuenta y seis kilos. Yo mismo he levantado doscientos treinta y ocho. El récord sin asistencia, que ha sido batido numerosas veces desde ese entonces, es de más de trescientos cuarenta.

He visto el desarrollo de ese proceso en mi propia vida. Antes de que yo llegara a Estados Unidos, nadie salía de Austria. Quizás algunos se mudaban a Alemania para trabajar en las fábricas. Si en verdad eras aventurero, te mudabas a Londres para dedicarte a los negocios. Pero ¿Estados Unidos? De ninguna manera. Tras ganar todas esas competiciones Mr. Olympia y filmar la serie de películas de *Conan*, comencé a ver cómo brotaban austríacos y alemanes por todo Los Ángeles. Venían a probar suerte en la industria del *fitness*, en Hollywood, en las mismas cosas que yo había hecho, y que ellos habían descubierto leyendo las mismas revistas sobre Reg Park que yo había leído años atrás. Sin siquiera intentarlo, yo les había abierto las puertas de Estados Unidos y el mérito de estos hombres y mujeres era haber decidido dar un paso adelante.

Ver cómo alguien que tiene un objetivo increíble se esfuerza al máximo y tiene éxito es una experiencia muy poderosa. Es mágico, porque desbloquea un potencial que no sabíamos que teníamos. Nos demuestra lo que es posible si nos centramos en algo y luego lo respaldamos con esfuerzo.

Si Reg Park, un niño proveniente de un pequeño pueblo industrial de Inglaterra puede convertirse en Mr. Universo y luego en estrella de cine, entonces, ¿por qué no podría hacerlo yo?

Si millones de inmigrantes europeos pueden venir a Estados Unidos llevando tan solo una maleta y un sueño, y logran construir una vida para sí mismos, ¿por qué no podría hacerlo yo?

Si Ronald Reagan, un actor, puede convertirse en gobernador de California, ¿por qué no podría hacerlo yo?

Y si yo puedo hacer lo que hice, ¿por qué no podrías hacerlo tú?

Seguro, soy un lunático. No hago nada como si fuera una persona normal. No tengo sueños normales. Mi tolerancia al riesgo para lograr grandes metas y desafíos nuevos es estratosférica. Todo lo que hago, lo hago a lo grande.

Como fisicoculturista, entrenaba dos veces al día durante cuatro o cinco horas. Como actor, participé en grandes películas que fueron propuestas extremadamente arriesgadas. En mi primer y único trabajo como político, gestioné la sexta economía más grande del mundo. Como filántropo, mi meta ha sido luchar contra la contaminación del medioambiente. Mi objetivo es ayudar a *sanar la tierra*.

Así pienso. A lo grande.

Muchas veces me pregunto cómo habría sido mi vida si no lo hubiera hecho todo de esa forma. Si hubiera actuado de manera distinta. Si hubiera tenido sueños más pequeños.

¿Qué hubiera sucedido si me hubiera quedado en Austria para ser oficial de policía como mi padre? ¿Qué hubiera sucedido si no hubiera encontrado el fisicoculturismo o si lo hubiera practicado como un pasatiempo, en lugar de permitir que se transformara en una vocación? He intentado imaginar cómo sería mi vida si hubiera escuchado a los productores que insistían en cambiar mi nombre; o si hubiera permitido que las opiniones de los periodistas me afectaran cuando les conté que probaría suerte con la actuación. ¿Cómo sería todo si me hubiera conformado con lo «suficiente?».

No lo sé. Y no quiero saberlo. ¿Una vida de sueños pequeños logrados a medias haciendo lo mismo que todos los demás? Eso representa una muerte lenta para mí. No quiero saber nada de eso, y tú tampoco deberías.

¿Por qué apuntar al medio? ¿Por qué conformarse antes de siquiera hacer el esfuerzo para ver de qué eres capaz? ¿Qué tienes que perder? Soñar con una visión grande no conlleva más energía que soñar con una pequeña. Pruébalo. Coge una hoja de papel y un lápiz. Escribe tu visión. Ahora táchala y escríbela de nuevo, solo que más grande. Ya ves, la misma cantidad de energía.

No es más difícil pensar a lo grande que pensar en metas más pequeñas. Lo único difícil es darte permiso para pensar de esa manera. Bueno, no solo te doy el permiso, te lo exijo; porque cuando estás pensando en tus objetivos y construyendo esa visión de tu vida, debes recordar que no solo se trata de ti. Ejerces un gran impacto en las personas que te rodean. Mientras te abres caminos en tu propia vida, podrías estar abriendo caminos a personas que ni siquiera sabías que te estaban mirando.

Sin importar cuán grande sea tu sueño, tanto si das todo de ti o te rindes ante la primera dificultad, estas cosas importan. Importan para tu propia felicidad y éxito, por supuesto. Pero también importan porque podrían marcar una gran diferencia en el mundo, más allá del impacto que tengan para ti.

3

Trabaja con todas tus fuerzas

Apuesto a que tú y yo tenemos mucho en común. No somos los más fuertes, los más inteligentes o los más ricos. No somos los más rápidos ni los mejor relacionados. No somos los más apuestos ni los más talentosos. No tenemos la mejor genética. Pero lo que sí tenemos es algo que muchas personas nunca tendrán: la voluntad de trabajar.

Si en este mundo hay una verdad absoluta es que no hay sustituto para el trabajo duro. No existen atajos, ni trucos, ni píldoras mágicas que puedan evitarte el esfuerzo de hacer bien tu trabajo, de ganar algo que te importe o de convertir tus sueños en realidad. Las personas han intentado tomar atajos y saltarse pasos en este proceso desde que el trabajo arduo ha sido arduo. En algún momento, esas personas, o se quedan atrás, o se quedan mordiendo el polvo que nosotros dejamos a nuestro paso, porque trabajar duro es lo único que funciona el cien por cien de los casos, para el cien por cien de las cosas que vale la pena lograr.

Veamos algo con lo que la mayoría podemos identificarnos: hacerse rico. Es sorprendente darte cuenta de que algunas de las personas menos felices son aquellas que ganaron la lotería o heredaron la fortuna familiar. Algunas estadísticas indican que el setenta por ciento de los ganadores de la lotería se declaran en bancarrota en un período de cinco años. Entre los que heredan una fortuna familiar, los índices de depresión, suicidio, alcoholismo y abuso de drogas tienden a ser más altos que entre personas de clase media o entre aquellos que han trabajado duro para construir sus fortunas.

Existen muchas razones que explican este fenómeno, pero una muy importante es que estos nuevos ricos que ganaron la lotería y las personas que tienen fortuna familiar nunca disfrutaron ninguno de los beneficios que conlleva *trabajar* hacia una gran meta. Nunca llegan a experimentar cómo de bien sienta hacer dinero; solo conocen lo que significa tenerlo de antemano. Nunca llegan a aprender las lecciones importantes que nos enseñan las dificultades y el fracaso. Y definitivamente no llegan a recoger los frutos de poner en práctica dichas lecciones para alcanzar su sueño.

Imagínate si Sir Edmund Hillary hubiera alcanzado la cima del Everest en helicóptero, en lugar de haberla alcanzado tras escalar durante dos meses en la primavera de 1953. ¿Piensas que la vista desde la cima hubiera sido tan hermosa? ¿Piensas que le hubiera echado siquiera una mirada a esa otra montaña más pequeña que veía en la distancia cuando estaba allí arriba? ¡Por supuesto que no! Si no experimentas qué se siente al sobrepasar tus límites, al hacer más de lo que creías ser capaz, y saber que el doloroso esfuerzo que realizas te conducirá al crecimiento que solo tú puedes lograr, nunca apreciarás lo que tienes de la misma manera que lo aprecia alguien que se lo ganó, que trabajó por ello.

Trabajar *funciona*. Esa es la conclusión final. Sin importar lo que hagas. Sin importar quién seas. Yo construí mi vida entera en base a esa sola idea.

En mi cruzada para convertirme en el mejor fisicoculturista del mundo, entrené cinco horas al día durante quince años. Cuando llegué a Estados Unidos, intensifiqué mis entrenamientos e inventé la rutina doble, donde entrenaba dos horas y media por la mañana y dos horas y media por la tarde, y así podía realizar dos entrenamientos completos cada día. Necesité dos equipos de entrenamiento para lograrlo —Franco por la mañana, Ed Corney o Dave Draper por la tarde— porque nadie quería entrenar tan duro. No estaban locos como yo. En mi mejor momento, en los días más intensos, levantaba dieciocho mil kilos en *cada sesión*. Eso es el equivalente a un camión cargado. La mayoría de los fisicoculturistas no querían entrenar así. Era muy doloroso. Pero yo amaba todas las repeticiones. Quería sentir el dolor. Tanto es así que mi primer entrenador en Austria pensó que yo era raro. Probablemente tenía razón.

Cuando me retiré del fisicoculturismo y me volqué en la actuación, utilicé esas cinco horas diarias de entrenamiento y las dediqué a convertirme en actor protagonista. Fui a clases de actuación, inglés, dicción y clases para aprender a hablar sin acento (aún quiero que me devuelvan el dinero que gasté en ellas). Tuve innumerables audiciones y leí cientos de guiones, aquellos que me enviaban como propuestas y cualquier otro que pudiera conseguir para aprender la diferencia entre un guion malo, uno bueno y uno genial.

Además, estaba el trabajo específico que requería cada película, más allá de simplemente leer el guion y memorizar mis frases. En *Los gemelos golpean dos veces*, necesité clases de baile y de improvisación. Para *Terminator*, me convertí en una máquina: tuve que vendarme los ojos hasta poder realizar todas las escenas con armas sin mirar, y disparar tantos cartuchos en el campo de tiro que ya no pestañeaba cuando lo hacía. Para *Terminator 2* tuve que hacer volteretas con la escopeta tantas veces que me sangraron los nudillos, solo para dos segundos de pantalla. No me quejé. Todo era parte del trabajo que necesitaba hacer para romper el molde y convertirme en una nueva clase de actor protagonista, de héroe de acción.

Llevé esa filosofía a la política. Durante mi campaña en 2003, devoré documentos informativos sobre cada tema importante para el estado de California. Cada uno estaba repleto de detallados memorándums escritos por los mejores expertos sobre temas tan complejos que yo nunca había creído que necesitaría pensar en ellos, y mucho menos que deberían importarme o sobre los cuales debería tomar decisiones. Cosas como marcaje en las balas y la proporción de personal entre pacientes y enfermeros en los hospitales del condado. Después de mis entrenamientos matutinos en las colinas de *Venice*, recibía en mi casa a cualquiera que estuviera dispuesto a enseñarme acerca de gobernanza, políticas y todo aquello que pudiera importarles a los californianos. Me había comprometido a estar a la altura de las circunstancias y cumplir con la promesa que les había hecho a los votantes de ser una clase diferente de político. De modo que tomé esas cinco horas de entrenamiento que antes había dedicado al fisicoculturismo y luego a la actuación, y las convertí en una especie de programa de inmersión para aprender el lenguaje de la política y del gobierno. Todos los días estudiaba y practicaba como lo hace un estudiante de intercambio para aprender el idioma local, y revisaba mis notas una y otra vez para luego repetirlas de memoria, hasta que las palabras fluyeran de manera natural.

El objetivo de todo este trabajo arduo —todas las repeticiones, todo el dolor, toda la persistencia y las largas horas— fue el mismo en cada fase de mi carrera. Es lo mismo para cualquier cosa especial que quieras hacer en tu vida, ya sea llevar adelante un negocio, casarte, convertirte en granjero, relojero, viajar por el mundo, conseguir un aumento y un mejor puesto de trabajo, clasificarte para las olimpíadas, gestionar una línea de ensamblaje, fundar una organización sin ánimo de lucro, lo que sea. El objetivo es estar preparado. Preparado para actuar cuando se enciendan las luces, cuando la oportunidad llame a tu puerta, cuando las cámaras comiencen a filmar, cuando llegue la crisis. No me malinterpretes, el esfuerzo en sí mismo es valioso y significativo, pero su verdadera razón de ser es que, cuando llegue el momento de que tu sueño y visión se vuelvan realidad… no titubees y no retrocedas.

REPITE, REPITE, REPITE

Desde mis primeros días como fisicoculturista, entrenar siempre significó repetir. No solo hacer repeticiones, sino hacerles un seguimiento. En el gimnasio local de levantamiento de pesas en Graz solía escribir mi sesión completa de entrenamiento en una pizarra, incluidos el número de series y la cantidad de repeticiones, y no me permitía irme hasta que no hubiera tachado todos los ejercicios. Cuando años más tarde me preparaba para las películas, registraba el número de veces que había leído el guion entero anotándolo en la portada, y no dejaba de leer hasta que no hubiera memorizado cada escena. (La única vez que olvidé una frase fue el día que Danny DeVito me hizo una broma en el estudio de *Los gemelos golpean dos veces* y me cambió el cigarrillo que fumaba después del almuerzo por uno de marihuana). Como gobernador —e incluso ahora cuando doy discursos de graduación o inaugurales— hacía lo mismo en la primera página de los borradores de mis discursos. Sabía que, una vez que me lo hubiera leído diez veces, podría dar un discurso decente y, si llegaba a las veinte, sería un éxito rotundo. Las palabras resultarían más naturales, como si estuviera improvisando y hablara desde el corazón. Cuanto más practicaba el discurso, más realmente presente estaría en la sala y más probable era que la audiencia se sintiera conectada conmigo y con las ideas que estaba compartiendo con ellos.

La clave es hacer buenas repeticiones. No repeticiones hechas con desgana y desconcentración, con la espalda encorvada y los brazos flácidos, repeticiones de mierda. Debes tener la postura adecuada. Debes completar el ejercicio entero. Tienes que esforzarte al máximo. ¡Recuerda, *wenn schon, denn schon*! No importa si estamos hablando de levantar un peso muerto, de dar una conferencia o de ensayar un discurso entero. Necesitas estar completamente presente allí, todo el tiempo, todas las veces. Confía en mí, hablo desde mi propia experiencia. Solo hace falta un resbalón, un movimiento en falso, una palabra equivocada para interrumpir tu progreso y hacerte retroceder.

El sentido de hacer muchas repeticiones es darte una base para volverte mucho más fuerte y resistente frente a errores tontos y desafortunados, lo que sea que eso signifique para ti. El objetivo es aumentar la carga que puedes soportar para que, cuando llegue el momento de hacer el trabajo que importa —lo que la audiencia verá y recordará—, no tengas que pensar si puedes hacerlo o no. Y simplemente lo hagas. Todo se desmorona si no dedicas tiempo a hacer las cosas de la manera correcta. Si haces las repeticiones a medias y no prestas atención a los detalles, la base de lo que estás construyendo será inestable y poco fiable.

Por esa razón en las prácticas con armas de fuego se dice «lento es suave, suave es rápido». Por ello el personal de emergencia, los paramédicos y los bomberos entrenan de manera obsesiva y practican los fundamentos de sus trabajos una y otra vez, hasta que se convierten en su segunda naturaleza. Hasta el punto de que, cuando todo se desmorona y sucede lo inesperado —que siempre sucede—, no tienen que gastar segundos valiosos en pensar en los fundamentos básicos de su trabajo para salvar vidas, y pueden utilizar esa pequeña parte de espacio mental extra para lidiar con situaciones que nunca antes habían experimentado.

Y, aunque en la mayoría de otras áreas de la vida el nivel de riesgo es mucho más bajo, ese principio se aplica de igual manera. Por ejemplo, piensa en algo como el jazz y en el saxofonista John Coltrane. Coltrane es considerado uno de los grandes maestros de la improvisación de jazz de todos los tiempos. Desarrolló un estilo único llamado «cortina de sonido», y, cuando estaba realmente concentrado, podía sonar como si estuviera ejecutando todas las notas al mismo tiempo. Cuando tocaba con otros grandes del jazz como Thelonious Monk y Miles Davis, en los últimos años de la década de 1950 y principios de la década de 1960, no había forma de predecir qué oirías salir del saxofón de Coltrane una noche o la siguiente. Pero lo que era una certeza era su ética de trabajo, obsesiva durante el día.

Coltrane practicaba constantemente. Otro saxofonista de su época decía que Coltrane practicaba «veinticinco horas al día». Solía ensayar siguiendo el libro de doscientas cincuenta y seis páginas sobre melodías y escalas, *Thesaurus of Scales and Melodic Patterns*, que es el equivalente musical a mirar cómo alguien como Bruce Lee practica «dar cera» y «pulir cera» durante dieciocho horas seguidas. Algunas historias cuentan que Coltrane tocaba una sola nota durante diez horas seguidas para lograr el tono y volumen perfectos. En su hogar, su esposa constantemente lo encontraba dormido con la boquilla del saxofón todavía en la boca. Una vez contó en una entrevista que, cuando realmente se concentraba en una idea, tocaba sin cesar durante todo el día y perdía por completo la noción de cuántas horas había practicado en total.

Lo que ensayaba en privado y lo que tocaba en público ni siquiera parecían pertenecer a la misma clase de arte, pero estaban conectados íntimamente. Era esa práctica exhaustiva de los fundamentos lo que hacía que la música improvisada que ejecutaba sobre el escenario pareciera mágica. Sus ensayos eran rígidos y estructurados, predecibles y tediosos. Pero su forma de tocar fluía libremente y era espontánea y brillante. Era como si ni siquiera pensara en las notas, y en verdad no lo hacía. *Porque no podía.* Cuando su estilo de improvisación tenía que combinarse con los estilos de otros músicos en el escenario, no podía haber ninguna clase de retraso. No había preciados segundos disponibles para pensar. Como cuando los paramédicos llegan al lugar del accidente o los bomberos a un edificio tambaleante, él tenía que saber qué hacer, qué movimientos ejecutar, *al instante.*

Si eres aficionado al deporte, es muy similar a mirar cómo los mejores futbolistas, baloncestistas, jugadores de hockey y esquiadores practican sus movimientos y luego los ejecutan en los escenarios más importantes. Ejercitan horas y horas haciendo las mismas rutinas monótonas todas las semanas. Recorren kilómetros esquiando, patinando y corriendo, concentrándose en el movimiento de sus pies, en los cambios de dirección, en el equilibrio y en cambiar el peso del cuerpo de un lado al otro. Repiten cientos, si no miles de veces, ejercicios de *dribbling* y pases en cada práctica.

Audiencias de todo el mundo disfrutaban viendo a John Coltrane tocar debido a su intensidad. Oías al público exclamar «¡Trane está que arde !». Lo que pocos sabían era que ese ardor sobre el escenario había sido alimentado por innumerables repeticiones de las cosas más aburridas y monótonas posibles, las cuales ensayaba cuando nadie estaba escuchándolo. Lo mismo sucede con Stephen Curry en la cancha de baloncesto, Lionel Messi en el campo de fútbol, Alex Ovechkin en el hielo o Hermann Maier en la montaña. Nos deslumbran cuando se encienden las luces, porque ya han hecho todo el tedioso trabajo duro cuando nadie estaba mirando.

Allí es donde tenemos que apuntar. Eso es lo que debemos hacer. Tenemos que aceptar el trabajo aburrido. Debemos ser expertos en los fundamentos. Tenemos que hacerlos bien y con frecuencia. Esa es la única forma en la que podemos construir una base fuerte y desarrollar nuestra memoria muscular, de modo que, cuando llegue el momento de la verdad, nuestro rendimiento no sea una incógnita. Que sea la parte más fácil.

EL DOLOR ES TEMPORAL

No me encontraría donde estoy hoy si no hubiera sido por *Conan, el bárbaro*, que no habría sido él éxito comercial o el fenómeno cultural que es si no fuera porque su director, John Milius, me pateó el trasero por toda España, donde filmamos la película.

El trabajo de filmar *Conan* ya era bastante duro. Tenía que cumplir con la hora de levantamiento de pesas todos los días para mantener mi forma física en su punto más alto, ya que no llevaba camiseta en ningún momento. También ensayaba cada uno de mis largos discursos con un especialista en dialectos treinta o cuarenta veces antes de los días de rodaje. Aprendí esgrima y coreografías para las peleas. Practiqué lucha libre y boxeo para las escenas de lucha en el foso. Aprendí a montar caballos, camellos y elefantes. Aprendí a saltar desde rocas gigantescas, a trepar y balancearme en largas cuerdas, a caer desde las alturas. Prácticamente fue como volver a la escuela, esta vez para aspirantes a héroes de acción.

Luego, además de todo eso, Milius me obligó a hacer todo tipo de cosas terribles. Me arrastré entre rocas, toma tras toma, hasta que me sangraron los antebrazos. Corrí delante de perros salvajes que lograron atraparme y arrastrarme hacia arbustos de espinas. Mordí un buitre muerto, lo que me obligaba a lavarme la boca con alcohol después de cada toma. (PETA se hubiera dado un festín con eso). En uno de aquellos primeros días de rodaje, me hice daño en la espalda y necesité cuarenta puntos de sutura.

La respuesta de Milius: «El dolor es temporal, esta película será eterna».

Y tenía razón, por lo que ninguna de esas cosas me molestaba. El dolor era simplemente el precio del trabajo que debía hacerse, para filmar grandes películas de espadas y brujería, como las llamaban. Y si yo estaba dispuesto a pagar ese precio, estaría mucho más cerca de cumplir mi visión. Para lograr grandes cosas que duren en el tiempo se necesitan sacrificios.

Esa es la belleza del dolor. No solo es temporal, lo que significa que no tienes que soportarlo para siempre, sino que te indica que has comenzado a dar suficiente de ti mismo para alcanzar tus sueños. Si el trabajo para convertirte en grande o lograr algo especial no te ha dolido o costado algo, o al menos te ha hecho sentir incómodo, entonces, lamento decírtelo, pero no estás trabajando lo suficiente. No estas sacrificando todo lo que puedes para convertirte en todo lo que podrías ser.

Sin embargo, el dolor no solo es un indicador de sacrificio, sino también una medida de potencial de crecimiento. En el gimnasio, si un ejercicio no comienza a doler, sé que no hice lo suficiente para activar el crecimiento potencial de ese músculo que estoy trabajando. Las repeticiones desarrollan la fuerza, pero el dolor desarrolla el tamaño. Por esa razón buscaba el dolor. Por esa razón, en las fotografías y videos del gimnasio allá por la década de 1970, aparecía sonriente todo el tiempo. No era un masoquista. No era divertido hacer sentadillas con un peso de doscientos setenta kilos hasta que no pudiera respirar y quisiera vomitar. Sonreía porque estaba sintiendo el dolor del trabajo, lo que me indicaba que el crecimiento estaba apareciendo. Con cada repetición dolorosa daba un paso más para convertir mis sueños de fisicoculturista en realidad. Eso me hacía feliz, porque era el objetivo de todo aquel trabajo arduo: ganar títulos y llegar hasta el escalón más alto del podio sosteniendo el trofeo de campeón.

No soy la primera persona en darme cuenta de esto acerca del dolor. Ni mucho menos. Muhammad Ali solía decir que no comenzaba a contar sus abdominales hasta que le dolían. «Son los únicos que cuentan», decía. «Eso es lo que te convierte en campeón». Bob Dylan afirmaba que había dolor detrás de cada hermosa creación.

Tú probablemente ya sepas que esto es verdad. Estoy seguro de que has escuchado algunas de estas frases populares que transmiten el siguiente mensaje. *Sal de tu zona de confort. Acepta las dificultades. Inclínate hacia el dolor. Haz algo que temas todos los días.* Estas son tan solo formas diferentes de decirte que, si quieres crecer o quieres ser grande, no será fácil. Dolerá un poco. O muchísimo.

En el proceso de selección de las fuerzas estadounidenses *Navy SEALs* y los *Army Rangers,* los instructores no empiezan a probar a los candidatos hasta que no se sientan completamente destrozados. Los llevan hasta el cansancio extremo, les gritan en la cara, les reducen las calorías y los mantienen en el exterior o bajo el agua hasta que están congelados y no pueden dejar de temblar. Y en ese momento intentan quebrarlos o jugar con sus cerebros con pequeñas pruebas de habilidades motoras delicadas y trabajo en equipo. Pero en realidad no están probando sus capacidades. No les importa si pueden completar o no la tarea. Están evaluando si renuncian o no cuando el dolor se vuelve demasiado difícil de soportar. No les interesa el desarrollo de habilidades o el crecimiento físico. Eso viene más adelante. Y saben que un candidato motivado se encargará de la parte física a su debido tiempo. Lo que buscan es el crecimiento del carácter, que es lo más importante para alcanzar la grandeza y las visiones extraordinarias.

Nada construye el carácter como la resiliencia y la perseverancia a través del dolor. Nada destruye el carácter como sucumbir ante el dolor y renunciar. Dicho eso, soportar el dolor sin ninguna razón aparente es estúpido. Eso *sí* es masoquismo. Pero aquí no estamos hablando de esa clase de dolor, ese que no tienen ningún propósito. Estamos hablando de dolor productivo. La clase de dolor que produce crecimiento, que construye una base y forja el carácter, que te acerca a lograr tu visión.

El gran novelista japonés Haruki Murakami una vez escribió: «Puedo soportar cualquier dolor siempre y cuando tenga significado». Aprendí a lo largo de los años que eso es cierto: el dolor solo debe tener significado para que sea tolerable.

Justo antes de la Navidad de 2006, me rompí la pierna esquiando en *Sun Valley*, Idaho. Me partí el fémur. El hueso más grueso del cuerpo humano. Es difícil romperte el fémur. *Duele.* Y requiere cirugía inmediata para insertar una placa y tornillos, lo que también duele. Dos semanas más tarde, debía asistir a la inauguración a mi segundo mandato como gobernador. En general, la ceremonia implica jurar junto al presidente de la Corte Suprema de California y dar un discurso. En otras palabras, estar mucho tiempo de pie.

Mi equipo y los organizadores de la ceremonia reconocieron que estar de pie durante tanto tiempo me causaría dificultades, y me ofrecieron cancelar la ceremonia oficial y hacer el juramento en mi casa mientras me recuperaba. Me negué rotundamente. De modo que tenía dos opciones: podía abarrotarme de analgésicos y dar el discurso con la esperanza de no arrastrar las palabras como un lunático, o negarme a tomar medicación y dar el discurso con la mente clara, sabiendo que estar parado allí en el escenario dolería de forma espantosa.

Puedo soportar veinte minutos de dolor. Puedo soportar un día entero de dolor. Tendría la pierna rota sin importar lo que decidiera. Y sentiría dolor sin importar dónde me encontrara, en el sofá de mi casa o en el escenario en Sacramento. ¿Por qué no escoger la versión del dolor que involucraba cumplir con mi visión de conducir a California a un futuro mejor? Una parte de esa visión era compartir momentos como ese. Estaba de pie frente al público para demostrarle que siempre me levantaría por ellos. Siempre cumpliría mis promesas, incluso cuando dolieran. Para mí significaba mucho poder hacerlo. El dolor, tal como dijo John Milius, era temporal. El poder de ese momento, y la sensación de haberlo logrado que sentí tras la brutal elección del año anterior, permanecerán conmigo para siempre.

HAZ UN SEGUIMIENTO Y CUMPLE

Diez meses más tarde, a finales de octubre de 2007, California ardió. Me fui a dormir un viernes por la noche informado de que se habían declarado algunos incendios aislados en el estado. Me desperté el sábado con la noticia de que el número de incendios se había triplicado. Los más complicados, en términos de riesgo de pérdida humanas y de propiedades, estaban concentrados en el condado de San Diego y acabarían forzando la evacuación de más de medio millón de personas, incluidos doscientos mil residentes de la ciudad de San Diego. Miles de ellos terminarían en el hipódromo Del Mar y en el estadio Qualcomm, donde solían jugar NFL los *San Diego Chargers*.

Era una pesadilla para el estado, una tormenta de fuego en un área densamente poblada. Nos habíamos estado preparando como si fuéramos a enfrentar una guerra, practicando con diferentes escenarios catastróficos y realizando simulacros para desastres como ese después de presenciar cómo se había desatado la horrible tragedia en Nueva Orleans tras el paso del huracán Katrina dos años atrás. Los servicios gubernamentales de todos los niveles les habían fallado a esas pobres personas y se perdieron más de mil quinientas vidas como resultado. Yo había jurado que, si alguna vez nos encontrábamos en una situación similar, tendríamos a las personas y servicios adecuados listos para actuar tan pronto como fuera posible, sabríamos de antemano lo que sucedería y responderíamos con gran profesionalidad ante las víctimas y personal de emergencia. Ese era el propósito principal de todos nuestros simulacros y toda nuestra planificación.

Ahora bien, aquí es donde muchas personas malinterpretan el trabajo de alguien que se encuentra en una posición de autoridad. Asumen que mi trabajo como gobernador ha terminado porque ya cuento con un plan, ya hemos practicado para enfrentar un posible desastre y todo el mundo conoce ya su deber. Igual que el jefe de una empresa o el representante de un equipo, un gobernador tiene muchas responsabilidades. Es normal pensar que no puede con todo. En algún momento tiene que delegar y confiar en que el plan que idearon funcionará, y que las personas que contrataron para ejecutarlo cumplirán con su cometido.

Excepto que no puedes simplemente esperar a que los demás hagan lo que tú piensas que harán o lo que ellos dicen que harán. En especial en el momento de la verdad, ya sea en la cúspide del éxito o al borde del desastre. (En general, convertir tu sueño en realidad requiere el mismo esfuerzo que prevenir escenarios caóticos). Los desastres ocurren. Las señales se cruzan. Las personas son perezosas. Algunas son simplemente estúpidas. Si tienes un trabajo que hacer o una meta que alcanzar, o te has comprometido a proteger algo o a alguien, y es importante para ti que todo suceda como debe suceder, depende de ti estar presente *hasta el final*.

El sábado por la tarde ya vi como la situación en San Diego se convertiría en un desastre total. Podía visualizarlo. Había muchas situaciones diversas extendidas en un área demasiado amplia, y los sucesos cambiaban demasiado rápido como para seguirles el ritmo. Cuando cayó la noche, los evacuados ya se estaban movilizando hacia *Qualcomm Stadium*, y nosotros todavía no teníamos catres ni agua suficiente disponible, y yo sabía que debía haber otras cosas que estábamos desatendiendo. Sentí que tendríamos que acudir allí en persona, si queríamos que todo funcionara.

De camino al estadio, las personas que se encontraban en las inmediaciones de *Qualcomm* nos informaron de sus carencias. Necesitaban: más agua, por supuesto, pero también pañales, comida para bebés, papel higiénico y, también algo un poco extraño: bolsas para excrementos de perro. No te das cuenta de esas cosas hasta que realmente te implicas en dar respuesta a una situación de emergencia, pero lo primero de lo que hay que ocuparse, después de proporcionar un lugar donde refugiarse es el cuidado de los niños y los ancianos, y luego la sanidad. De inmediato llamamos al presidente de la asociación de minoristas *California Grocers' Association* y él se encargó de reunir a sus tropas para reunir todos los recursos que habíamos pedido y luego llevarlos allí donde nos encontraríamos con ellos.

Cuando llegamos al estadio, aún no había catres. ¿Dónde estaban? ¿Quién los tenía? ¿Por qué no estaban allí? Mi equipo y yo preguntamos a cualquiera que pudiera respondernos, y pedimos que llamaran a quienes pudieran tener una respuesta. Tras una serie de llamadas, nos enteramos de que los catres estaban en unos almacenes que habían sido vendidos por la persona con la que teníamos el contrato original, y el nuevo dueño había cambiado las cerraduras, sin saber que uno de los almacenes estaba repleto de catres que eran parte esencial del plan de respuesta ante las catástrofes en California. ¡Y nadie tenía la llave!

No se pueden inventar situaciones como esa. Si no hubiéramos estado allí para hacer preguntas, para hacer un seguimiento de la situación y asegurarnos de que todos cumplieran con su parte para resolver el problema, quizás esos catres todavía estarían en aquel almacén. Doy las gracias porque solo fueron catres lo que estábamos intentando conseguir. La situación podría haber sido más aterradora, como lo fue en el hipódromo Del Mar.

Justo antes de retirarnos el domingo por la noche, me enteré de que setecientos residentes de un hogar local para ancianos habían sido trasferidos a Del Mar. El hecho de que estuvieran a salvo fue un alivio enorme, pero algo acerca de la situación me inquietó. Cualquiera que haya visto el botiquín de medicamentos de un anciano con problemas de salud propios de su edad comprende que su cuidado es algo complejo. En una emergencia, no se trata simplemente de acostarlos en una cama dentro de un auditorio en medio de un hipódromo. De modo que decidí visitar Del Mar con mi equipo y controlar cómo estaba saliendo todo.

La primera señal preocupante fue que en el lugar en cuestión no había médicos. Había un solo enfermero, un hombre llamado Paul Russo, que era paramédico de la Marina y una persona increíble. Él se estaba ocupando de cuidar a todos aquellos hombres y mujeres desplazados. La segunda señal se manifestó cuando estaba dando una vuelta mientras todos se acostaban y se me acercó una adorable señora, asustada y un tanto confundida, y me dijo: «No sé qué hacer, se supone que mañana por la mañana debo ir a mi tratamiento de diálisis».

Eso desencadenó una avalancha de preguntas. ¿Cuántas personas más necesitaban un tratamiento urgente como la diálisis? ¿Cuántos de ellos estarían mejor en un ambiente hospitalario, bajo la supervisión de un médico? ¿Cuál es el hospital más cercano que aún tiene espacio? ¿Cuántas máquinas de diálisis tienen? ¿Contamos con las ambulancias suficientes para llevar a todos allí?

Pasamos el resto de la noche averiguando las respuestas a esas preguntas. Resulta que teníamos un gran número de personas que necesitaban cuidados especiales, pero no había camas disponibles en un radio de doscientos cuarenta kilómetros. De modo que comenzamos a llamar a los jefes de cada una de las ramas de las fuerzas armadas, que tenían bases en California. Algo que aprendes cuando eres gobernador es que cada base dispone de dos elementos: armas e instalaciones médicas. Encontramos un ala vacía en el hospital de la base naval *Camp Pendleton*, situada junto a la carretera. Teníamos camas; ahora necesitábamos ambulancias para trasladar a todas esas personas allí, y las encontramos en el condado de Orange, a cien kilómetros al norte. Nuestro avión estuvo volando durante toda la noche, dormimos un par de horas cuando pudimos, mientras permanecíamos en la pista esperando la confirmación de que todos los que necesitaban traslado en Del Mar eran trasladados. Era un trabajo tedioso en condiciones difíciles, lo que es esperable en una crisis, y solo cuando cumplimos el objetivo despegamos y regresamos a casa.

Así es cómo haces un seguimiento de una situación. Así es cómo la resuelves. Se trata de no dejar nada al azar. De prestar atención a los detalles. De volver sobre tus pasos. Ni siquiera quiero pensar en lo que podría haberles sucedido a los residentes de esos hogares para ancianos si hubiéramos hecho el uno por ciento menos de lo que en verdad hicimos. Y, sin embargo, hay muchos que se conforman con depender exclusivamente de planes y sistemas, o hacer el mínimo indispensable y pensar: *esto está terminado, me encargué de ello*. No. No seas un maldito holgazán. Haz lo que tengas que hacer. Solo tienes permitido utilizar la frase «Me encargué de ello» cuando la tarea está cumplida. Por completo.

Soy un fanático de hacer seguimientos. En muchos sentidos, considero que el seguimiento es la parte esencial del trabajo arduo, que es necesario para que las cosas importantes se cumplan, porque lo importante nunca es sencillo ni directo. Casi siempre depende del momento adecuado, de otras personas, de muchas variables, y no puedes contar con todos esos factores. Es irónico, porque el seguimiento es en general la parte más fácil del trabajo, al menos en términos de energía y recursos; sin embargo, casi siempre es aquello que, o damos por sentado, o dejamos que se nos escape. Nos decimos: «Quiero hacer esta tarea fantástica y asombrosa», luego la iniciamos y simplemente esperamos que siga su curso, porque simplemente lo deseamos. Como si la esperanza y las buenas intenciones sirvieran de algo.

Incluso nos hacemos esto a nosotros mismos. Lo vemos en el deporte continuamente. Cuando un golfista se encuentra en un búnker junto al *green* y no mueve correctamente el palo, la pelota no se mueve o sale disparada a cualquier lado del *green*. Un tenista lo hace todo bien durante un punto, se coloca en posición para realizar un *smash* de revés por la línea, pero olvida terminar bien el movimiento y la pelota sale volando fuera del estadio. Lo mismo sucede con los futbolistas que no completan las voleas con un solo toque en el área o con algo tan básico como chutar un penalti. También lo veo en el gimnasio. No sabría decir con cuánta frecuencia veo tipos haciendo ejercicio en la máquina de dorsales, por poner un ejemplo, que no realizan el estiramiento o la flexión completos al final del movimiento. Literalmente no siguen todos los movimientos, ni cumplen con el ejercicio completo.

Puede parecer un detalle aislado, pero la falta de seguimiento en cualquier momento puede dar como resultado la pérdida de un partido o de ventajas en potencia, y puede causar que pierdas en la vida. Es un indicador de que no te estás comprometiendo completamente, que no estás dando el máximo, que solo te estás dejando llevar. Este es un problema mucho mayor de lo que piensas, porque, si aceptas como válido un movimiento mal ejecutado o un ejercicio de dorsales a medio terminar, es más probable que aceptes versiones incompletas de cosas más importantes para ti mismo. Cosas como tu trabajo. O cómo te desenvuelves en una relación. O incluso cómo cuidas a tu bebé. Es probable que la persona que se conforma con hacer cuatro series de diez repeticiones a medias en la máquina de dorsales, cambie de manera descuidada el pañal a su bebé y se olvide del pedido de su pareja en su restaurante favorito, a diferencia de aquella que cumple con esfuerzo cinco series de quince repeticiones dolorosas pero perfectas, aunque le ocupe más tiempo y la deje exhausta. Sobre todo, porque esas personas saben lo bien que sienta el trabajo duro y hacer las cosas de la manera correcta. Woody Allen decía que el ochenta por ciento del éxito en la vida consiste en simplemente presentarse. Antes que él, Edison dijo que el noventa por ciento del éxito reside en sudar. No estaban equivocados, pero ambos no pueden estar en lo cierto. No tiene sentido. Creo que el cantante de *country* norteamericano y fabricante de salchichas Jimmy Dean estaba en lo cierto. Él dijo: «Haz lo que dijiste que harías, e intenta hacerlo un poco mejor de como dijiste que lo harías».

Haz un seguimiento de todos los pasos y cumple con ellos, completamente. Haz solo esas dos cosas, que sé que puedes hacer si tu visión significa lo suficiente para ti, y eso te distinguirá del resto. A diferencia de la gran mayoría de personas que dicen que están motivadas a hacer algo importante y marcar la diferencia, esto demostrará que tomas las cosas en serio y que estás haciendo el trabajo necesario para convertir tu visión en realidad.

HAY VEINTICUATRO HORAS EN EL DÍA. UTILÍZALAS.

Tengo más buenas noticias para ti. Tenemos algo más en común que la voluntad de trabajar. Cada uno de nosotros tiene las mismas veinticuatro horas al día para trabajar. Todo lo demás en nuestra vida puede ser completamente diferente —edad, dinero, el lugar donde vivimos, lo que hacemos bien—, pero tenemos la misma motivación y la misma cantidad de tiempo. ¡Es fantástico! Significa que no hay nada que no podamos lograr si le dedicamos tiempo y esfuerzo.

Las preguntas que debes hacerte son las siguientes: ¿cuánto de ese tiempo estoy desperdiciando? ¿Cuánto tiempo empleo en pensar cómo empezar… en lugar de tan solo empezar? ¿Cuánto tiempo desperdicio en las redes sociales? ¿Cuánto tiempo malgasto mirando televisión, jugando a videojuegos, bebiendo y yendo a fiestas?

Lo que deseo para ti es que no desperdicies nada de tu tiempo. Lamentablemente, muchas personas pierden mucho tiempo. Los peores son los que albergan grandes y ambiciosos sueños y que con desesperación buscan cambiar sus vidas, pero, cuando les pregunto qué están haciendo para convertir sus sueños en realidad, pasan veinte minutos explicando lo ocupados que están. No es sorprendente que quienes más se quejan por no tener el tiempo suficiente sean los que menos trabajan.

Lo digo de otra manera: estar ocupado es una maldita excusa. Todos estamos «ocupados». Tenemos cosas que hacer todos los días. Obligaciones y responsabilidades. Debemos comer, dormir, pagar las facturas. ¿Qué tiene eso que ver con trabajar para alcanzar tu visión? Si te importa, *creas el tiempo*.

A mediados de los años setenta, yo había logrado una enorme cantidad de metas. Había llegado a Estados Unidos, había ganado los títulos de Mr. Universo y Mr. Olympia. En general se me consideraba como el mejor fisicoculturista del mundo. Pero el trabajo no había terminado. Una vez que llegas a la cima, tienes que descubrir cómo permanecer allí. Para mí, eso significó en parte mirar hacia Hollywood, lo que me ofreció la posibilidad de un éxito aún mayor, pero antes de ello tuve que pasar una gran cantidad de tiempo construyendo una vida decente para mí en Los Ángeles, mientras continuaba haciendo lo necesario para mantener mi cuerpo de atleta en forma.

En primer lugar, diseñé folletos de fisicoculturismo, y acordé con Joe Weider que él no tendría que pagarme por las sesiones de fotos que hice para promocionar sus suplementos y su equipamiento, si él me cedía una doble página en el centro de sus revistas para publicitar mis folletos. Luego empecé a asistir a clase, mayormente de gestión empresarial, en la Universidad de Santa Mónica y en la Universidad de California. Para ganar algo de dinero extra, dirigí seminarios de levantamiento de pesas, y Franco y yo hicimos trabajos de albañilería por toda la ciudad. Con el dinero que obtuve de la albañilería y de los folletos, me compré un apartamento y me convertí en propietario. Y cuando por fin empecé a centrarme en Hollywood de manera más concreta, comencé a asistir a todas esas clases de actuación e improvisación de las que hablé anteriormente. El espectáculo iba a empezar… ¡con clases de baile incluidas!

Por supuesto, no hice ninguna de estas cosas al azar. Más allá de que me hacían ganar dinero o algún día me lo ahorrarían, en ambas situaciones tenía mis metas en mente. Hice los folletos de fisicoculturismo porque me permitían llegar a más personas, y de esa manera lograba que el deporte fuera más popular. También era una forma de ayudar a aquellos que no podían pagar mis seminarios.

Elegí trabajar en la construcción porque era un entrenamiento extra, podía broncearme y practicar inglés, y además llegué a disfrutar del orgullo de construir cosas. Tienes que recordar que mi objetivo no era solo llegar a Estados Unidos, sino convertirme en parte de Estados Unidos. Actuar en películas fue clave para eso, pero aún existen paredes y caminos en Los Ángeles que Franco y yo construimos juntos entre un entrenamiento y otro hace cincuenta años, y que siento que son parte de mi legado, junto con mi estrella en el Paseo de la Fama de Hollywood y los enormes carteles que exhiben mi rostro en *Sunset Boulevard*.

Fui a clases de gestión de negocios para aprender el lenguaje empresarial de Estados Unidos y con la esperanza de hablarlo fluidamente. También quería prepararme para el aspecto empresarial de la industria del entretenimiento, para no ser estafado por representantes ni estudios de grabación.

Me compré un apartamento para tener un lugar donde vivir y no preocuparme por el alquiler, que siempre había sido uno de los factores principales que obligaban a los aspirantes a actores a aceptar trabajos mediocres, que no eran parte de la visión que tenían sobre sus carreras. No quería ser un actor que tuviera otros trabajos. Quería ser un héroe de acción y actor protagonista. Tener un techo sobre la cabeza significaba que podía ser paciente y rechazar todas aquellas ofertas de pequeños papeles como soldados nazis y guardias de seguridad con la cabeza rapada. Cuando les cuento a la gente cómo eran mis días en aquel entonces, incluso cuando les explico por qué eran días tan ocupados, como ya dije, se quedan mudos de asombro.

«¿Cuándo tenías tiempo para comer?», preguntan. La mayor parte del tiempo comía como todos los demás, les respondo. O, si tenía el tiempo justo, comía en el coche de camino al gimnasio o cuando estaba estudiando. Bebía mi bebida proteica todos los días en clase. Y cuando no tenía tiempo de comer… simplemente no comía. Saltarse una comida nunca mató a nadie.

«¿Cuándo te divertías?», se preguntan otros. Siempre, les respondo. ¿Por qué trabajar tan duro si no me resultara divertido? Amaba entrenar. Amaba aprender a colocar ladrillos, como me enseñó Franco. Amaba conocer personas nuevas y descubrir cómo hacer negocios a la manera estadounidense.

«¿Cuándo dormías?» es una pregunta frecuente. Dormía la siesta después de mi entrenamiento matutino, o en el camión mientras la argamasa se secaba en una pared que estábamos construyendo. Pero, por lo general, cuando estaba cansado, simplemente dormía.

«¿No estabas cansado todo el tiempo?». Esa siempre es la pregunta que hacen a continuación. Y mi respuesta siempre es la misma: no. Ahora bien, para ser justos, yo siempre tuve mucha energía, incluso cuando era niño, de modo que en parte eso es genética. Pero la parte más grande, la más importante, es una que muchos no tienen en cuenta. Cuando vas detrás de una visión y trabajas por un gran objetivo, no hay nada más energizante que progresar.

Cuando comprendía un concepto de mis clases de empresariales, de inmediato quería profundizar mis conocimientos. Cuando escuchaba que mi inglés estaba mejorando, quería hablar con la gente y practicar más. En el gimnasio, cuando sentía la adrenalina, sabía que estaba progresando, y eso hacía que deseara levantar las pesas hasta que se me cayeran los brazos del cansancio. Algunas veces sucedía. Las levantaba hasta que sentía la adrenalina, y luego seguía ejercitando hasta realmente sentir dolor, como decía Ali, y entonces seguía un poco más hasta no poder moverme. Algunos días, esa era la única forma de sacarme del gimnasio. Y, si bien estaba exhausto físicamente, mi mente estaba completamente despierta. Estaba excitado y revitalizado, porque estaba dos horas más cerca de alcanzar mi visión.

¿Cómo puedes esperar que duerma en un momento como ese?

Esta es la clase de estado mental que las personan mencionan cuando hablan de entrar en un estado de inmersión total. El tiempo se expande y se contrae de manera simultánea. Comienzas algo, logras progresar y luego *bum*, al minuto siguiente levantas la mirada y es por la mañana.

Escritores, músicos, programadores, maestros de ajedrez, arquitectos, artistas, cualquiera que tenga un pasatiempo que en verdad les apasione, todos tienen historias como esta. Historias de esfuerzo que parecen desafiar los límites de la atención humana y de la fisiología, cuando en un momento dado el tiempo debería haberlos alcanzado y apagado sus cerebros. Y algunas veces eso sucede, como cuando Coltrane se quedó dormido con el saxofón en la boca, o cuando un diseñador de videojuegos se duerme sobre el teclado, o un detective se queda dormido entre los expedientes de su caso. Pero con la misma frecuencia encuentras a programadores que trabajan treinta y seis horas maratonianas desarrollando un nuevo software, creando videojuegos y aplicaciones que cambian el mundo. O escuchas historias como las del director Sam Peckinpah, que reescribió el guion de *Grupo salvaje* durante tres días en el desierto. Y también está el caso de Black Sabbath, que grabó su álbum debut en un total de doce horas. O Keith Richards, a quien se le ocurrió el *riff* de *Satisfaction* mientras estaba a punto de quedarse dormido tras un largo día de grabación.

Puedes entrar en un estado de concentración máxima o no, lo que todas las personas que logran sus objetivos tienen en común es que, o encuentran el tiempo, o crean el tiempo, o transforman el tiempo que tienen en lo que necesitan para cumplir con la tarea a la que se enfrentan. Si cuando escuchas historias como estas, lo que aún te preocupa es la comida, la energía, el sueño o la diversión, quizás tu problema no sea el tiempo. Quizás sea cómo lo estás empleando. ¿Sabes cuántas veces las personas me dicen que no tienen tiempo para entrenar y entonces les pido que saquen sus teléfonos y me muestren el promedio de horas que pasan frente a la pantalla, y resulta que han empleado tres horas y media en las redes sociales? No son horas lo que te falta, sino una visión para tu vida que convierta el tiempo en irrelevante.

O quizás tengas una visión increíble y poderosa que te motive, pero el tiempo que se requiere para hacerla realidad es tanto que el camino hacia el éxito se torna abrumador y paralizante. Esa es una posibilidad real, y puede generar mucho temor. Lo comprendo. Construir un cuerpo que terminaría ganando competiciones de fisicoculturismo no sucedió de la noche a la mañana, o en el transcurso de un año, ni siquiera dos o tres. Me llevó varios años de constante trabajo diario que nadie me pagó, lograr que mi cuerpo tuviera la talla y la proporción que en algún momento llamaría la atención de los jueces, de Joe Weider y del público. Más tarde me llevó todavía más años terminar de esculpir mi cuerpo y mantenerlo en el estado requerido para ganar varios títulos consecutivos de Mr. Olympia y actuar en papeles como *Conan* y *Terminator*.

Si me hubiera centrado por completo en el resultado final o intentado hacerlo todo de golpe, por así decirlo, me hubiera asfixiado. Hubiera fallado. La única forma de conseguir el éxito sostenido y transformador que buscaba era trabajar duro y de manera progresiva todos los días. Tenía que concentrarme en hacer las repeticiones y hacerlas bien. Tenía que escuchar al dolor y construir sobre el crecimiento que llegaría en algún momento. Tenía que cumplir con cada paso, todos los días, del plan que había creado para lograr mi visión completa.

El mismo principio se aplica a ti para lograr aquello que desees, sin importar cuán ocupada sea tu vida. Te lo demostraré. Hagamos un ejercicio llamado «La cuenta atrás de las veinticuatro horas».

¿Cuántas horas duermes al día? Digamos que ocho, porque eso es lo que la ciencia moderna considera ideal para lograr un rendimiento máximo y alcanzar la longevidad. Muy bien, ahora nos quedan dieciséis horas.

¿Cuántas horas trabajas al día? Digamos también que ocho. Ahora nos quedan ocho horas.

¿Cuánto tiempo pasas yendo al trabajo? El promedio diario en los Estados Unidos es menos de media hora por viaje, pero redondeemos la cifra para las personas que viven cerca de las grandes ciudades y digamos que son cuarenta y cinco minutos por viaje. En total es una hora y media. Ahora nos quedan seis horas y media.

¿Cuánto tiempo compartes con tu familia, incluidos el desayuno, la cena y algunos minutos de televisión? Digamos que son tres horas y media, lo que es genial. Es tiempo de calidad. Ahora nos restan tres horas del día.

¿Cuánto tiempo empleas ejercitando o manteniendo tu cuerpo activo cada día? La mayoría de las personas llegan a un promedio de una hora, lo que incluye pasear al perro, hacer las tareas domésticas y hacer ejercicio. Fantástico, una hora de actividad diaria es muy importante. Nos quedan dos horas.

Después de haber hecho todo lo anterior en un día típico de tu vida, aún quedan dos horas para progresar en tu visión. Ya oigo la siguiente pregunta: ¿cuánto tiempo queda para descansar y relajarse? En primer lugar, descansar es para los bebés y relajarse es para los jubilados. ¿Cuál eres tú? Si quieres hacer algo especial, si tienes un gran sueño que quieres lograr, creo que tendrás que dejar a un lado la relajación durante un tiempo. Pero está bien, quieres algo de relajación, dedica media hora del tiempo que te resta para una siesta. Aún te queda una hora al día para trabajar en pos de tu objetivo.

¿Tienes idea de cuán poderosa es una hora al día? Si quieres escribir una novela, siéntate y escribe una hora todos los días, e intenta escribir solo una página. Al final del año, habrás escrito un manuscrito de trescientas sesenta y cinco páginas. ¡Eso es un libro! Si quieres estar en forma, quema quinientas calorías más de las que consumes cada día. En una semana, habrás perdido medio kilo. En un año, ¡veintidós kilos! ¿Cómo puedes quemar más de lo que comes? Intenta utilizar esa hora extra para ir en bicicleta. Incluso a un ritmo moderado, incluso solo cinco días a la semana, al final del año habrás recorrido una distancia mayor que la que hay entre Boston y Los Ángeles. ¡Habrás pedaleado a lo largo del país!

Estos son logros fantásticos que requieren mucho trabajo duro. Pero es trabajo que eres más que capaz de hacer si lo planeas y lo divides en pequeños objetivos diarios, que no te deberían tomar más de una hora o dos. Demonios, incluso puedes ser un loco como yo, y, aun así, siguen siendo solo cinco horas de trabajo diario. Eso nos deja diecinueve horas para hacer todo lo demás. Come un poco más rápido, apresúrate un poco más durante tu trayecto al trabajo y duerme un poco menos, y habrás encontrado las horas que necesitas. De modo que no me digas que no tienes tiempo para entrenar, estudiar, escribir, conectar con las personas o hacer lo que sea que necesites para lograr tu visión.

Apaga la televisión. Arroja los dispositivos por la ventana. Ahórrate las excusas. Ponte a trabajar.

4

Vende, vende, vende

Uno de los choques culturales más grandes que afronté cuando llegué a Estados Unidos fue la falta de conocimiento acerca del fisicoculturismo. Por todo lo que había leído sobre el deporte en las revistas de Joe Weider, esperaba mucho más de lo que encontré.

No me malinterpreten, sin duda existía una subcultura del fisicoculturismo. Teníamos nuestras revistas y suplementos nutricionales. Teníamos nuestro circuito de competiciones y sus diferentes títulos y trofeos. Había excelentes gimnasios por todo el país, incluidos los dos de Los Ángeles donde asistía yo. Y también teníamos seguidores y *groupies*. Pero muy pocas personas fuera de la comunidad del fisicoculturismo sabían algo acerca del deporte.

Cuando conocía a alguien en una fiesta o charlaba con un desconocido en la cola de una tienda y veían lo grande que era mi cuerpo (lo cual no era difícil, ya que siempre vestía pantalones cortos y sudaderas), decían algo como «Guau, mira esos músculos, ¿eres jugador de fútbol americano?». Yo respondía: «No, a ver si lo adivinas», y luego decían algo como luchador o guardia de seguridad. Nunca deducían que era fisicoculturista.

También me di cuenta de que ni los grandes periódicos ni las revistas de deporte escribían artículos sobre fisicoculturismo. Tampoco los programas de televisión. Y, cuando lo hacían, cubrían una competición como si fuera el concurso internacional de comer perritos calientes de *Nathan's*, el famoso restaurante de comida rápida. Éramos una rareza. Una novedad. Lo sabías cuando escuchabas cómo nos describían. «Inflados» y «raros» (o «fenómenos») eran algunas de las palabras que aparecían en casi todas las noticias. Constantemente insinuaban que debíamos ser estúpidos o gais o narcisistas. Eso me desconcertaba. ¿Por qué alcanzar la mejor forma física posible les resultaba tan extraño? ¿Y por qué eran esas las únicas opciones?

¿Por qué se obsesionaban con nuestros calzones para posar o con el aceite que utilizábamos para resaltar la definición de los músculos? Ignoraban nuestros años de trabajo y sacrificio, y luego reducían una competición mundial a un simple espectáculo: un grupo de hombres bronceados y lustrosos que exhibían sus músculos uno junto al otro sobre el escenario, claramente compensando lo poco que debíamos tener debajo de lo que llevábamos puesto.

Les pregunté a algunos norteamericanos en *Gold's* por qué eso era así. No lo sabían. «¡Deberíamos hablar con esos periodistas!», respondía yo, pero la mayoría no quería saber nada. Afirmaban que los escritores y periodistas tenían prejuicios o envidia, y que por esa razón siempre eran tan injustos con nosotros. «¿Por qué iba a ser diferente esta vez?», preguntaban. Pero aquello no tenía sentido para mí. ¿Cómo podía un periodista saber cuántas horas trabajábamos al día? ¿Cómo iban a saber cuánto peso levantábamos, cuán fuertes éramos o cuán disciplinados debíamos ser? ¿Cómo podrían saber todo aquello si nosotros no hablábamos con ellos? Mis compañeros de fisicoculturismo no querían hablar con los periodistas porque nos juzgaban continuamente, pero *no* hablar con ellos era el motivo de su falta de comprensión.

Por aquel entonces, yo era uno de los más jóvenes en el gimnasio, pero tenía experiencia suficiente por mi trabajo de vendedor en Europa y sabía que, si estás intentando dar visibilidad a algo o hacer que tu negocio crezca —incluso si ese negocio es un deporte poco convencional—, tienes que hablar con la gente. Tienes que comunicarte y publicitar tu negocio para que los demás sepan que existe. Para que sepan de qué se trata y por qué debería importarles. En otras palabras, debes venderlo.

Ese es nuestro trabajo, les dije a mis compañeros, hacer que el público conozca qué es el fisicoculturismo.

¿Periódicos, programas televisivos y periodistas? Ellos no deberían ser nuestros enemigos, sino nuestros aliados. Siempre necesitan historias para llenar páginas y horas de emisión tanto como nosotros necesitamos dar a conocer nuestra historia. Si queremos que nuestro deporte sea grande, deberíamos estar llenando esos espacios con nuestra propia información sobre el deporte y nuestras propias ideas sobre qué es lo que lo hace especial. No debíamos esperar a que ellos hablaran de nuestro deporte como lo podíamos hacer nosotros, y definitivamente no podíamos contar con ellos para hacerlo como nosotros queríamos. Ya sabíamos lo que pasaba cuando los dejábamos actuar por su cuenta. Si queríamos cambiar la imagen del fisicoculturismo, teníamos que ser nosotros los que educáramos a los periodistas y, como resultado, al público. Nosotros teníamos que explicarles el deporte a ellos, promocionarlo, *venderlo*.

En la actualidad, cuando emprendedores, atletas y artistas me piden consejo —no importa si se trata de su nuevo producto, su última pieza artística o la falta de representación—, lo único que les digo que deberían hacer con mayor ímpetu es promocionar. Comunicar. Vender. ¡Vende, vende, vende! Puedes tener la mejor idea, el plan más fantástico, lo mejor de lo mejor, pero si nadie sabe que eso existe o siquiera de qué se trata, es una pérdida de tiempo y esfuerzo. Bien podría no existir en absoluto.

Cuando se trata de cumplir con tu sueño, no puedes permitir que eso suceda. De hecho, no debería suceder nunca, porque nadie tiene mejor motivación ni mejores herramientas que tú para vender tu visión al mundo. No importa si quieres mudarte con tu familia o tu equipo de fútbol a un país diferente, si quieres hacer películas o marcar la diferencia, si quieres fundar un negocio, comprar una granja, unirte a las fuerzas armadas o crear un imperio. Sin importar el tamaño de tu sueño, debes saber cómo venderlo y a quién vendérselo.

CONOCE A TU CLIENTE

Vender tu visión significa ser transparente acerca de lo que estás intentando lograr, y contar tu historia de manera tal que sea percibida de la forma más positiva posible por las personas que necesitas o quieres que te den un *sí*. Tus clientes, en otras palabras.

Cuando decidí convertirme en un actor, y luego pasé de actuar en películas de acción a comedias, tenía que vender mi visión a representantes, directores, productores y directivos de estudios para obtener un *sí* como respuesta y que me dieran un papel en sus películas. El exagerado espectáculo que Ivan, Danny y yo hicimos en la oficina de Tom Pollock para lograr que se rodara *Los gemelos golpean dos veces* no fue más que una rutina de venta para convencer a un gran cliente que buscaba reducir el riesgo. Nuestro trabajo era contarle a Tom una historia que hiciera que nuestra visión sobre la película fuera idéntica a algo que él estuviera buscando.

—Escuchadme —dije—, estamos todos en sintonía, creedme. Tenemos todos la misma visión creativa para esta película. No hay lugar para los egos aquí.

—Sé exactamente cómo rodar esto, Tom —agregó Ivan—. Tú danos dieciséis millones y lo haremos en el tiempo estipulado y respetaremos el presupuesto.

—Luego todos compartiremos el éxito —dijo Danny—. Y no deberás preocuparte por los salarios.

Tom extendió el brazo sobre el escritorio y nos estrechó las manos. Había comprendido que era un gran negocio, y estaba a punto de enseñarnos lo fantástico que era aquel trato para nosotros. Se apartó de su silla, salió de detrás de su escritorio, se inclinó hacia adelante y se dio la vuelta a los bolsillos de su pantalón.

—¿Sabéis lo que acabáis de hacerme? —preguntó—. Acabáis de robarme y engañarme de la peor manera. Eso es lo que habéis hecho. Felicidades.

Todos reímos. ¡Otro cliente satisfecho!

Cuando comencé a conseguir papeles protagonistas, tuve que venderme a mí mismo y a mis películas a los medios y al público más que a los productores y ejecutivos. Debía demostrarle a la audiencia que era buen actor, y tenía que convencer a los críticos de que mis películas eran buenas como obras de arte. Y no me refiero solamente a buenas en términos de calidad, sino también buenas para la sociedad.

La primera vez que esto sucedió a gran escala fue cuando se estrenó *Terminator*. De lo único que querían hablar los periodistas era de la violencia de la película. Después de todas las muertes ficticias que había causado en las películas de *Conan*, me preguntaban por qué quería interpretar a una máquina de matar en mi próximo papel. Ahora parece curioso, pero hay que recordar que a comienzos de la década de 1980 los críticos de cine eran muy importantes. Críticos como Gene Siskel, Roger Ebert, Pauline Kael, Rex Reed o Leonard Maltin podían hundir la película con tan solo una mala reseña.

Tomé la decisión consciente de que cada vez que me enfrentara a esa clase de preguntas relacionadas con la violencia durante la promoción del estreno de *Terminator*, respondería a las críticas de manera directa. Le pregunté a un periodista si había leído la Biblia y si se había dado cuenta de que si contaba las muertes, era uno de los libros más sangrientos que se habían escrito. Le recordé a otro periodista que la película era de ciencia ficción, que mi personaje era una máquina y que representaba una advertencia a la raza humana acerca de la tecnología. Expliqué que el guion que James Cameron había escrito era, por definición, cien por cien prohumanidad. Siempre que tenía la oportunidad contaba la versión de *Terminator* que reflejaba la intención de Jim, no la que todos esos periodistas parecían desesperados por escribir. El resultado final habla por sí mismo: la película fue un éxito de taquilla y obtuvo reseñas impresionantes en todos los aspectos.

Tuve la fortuna de que resultara bastante evidente a quién tenía que venderle. Si te tomas el tiempo necesario para comprender tu propio contexto, puede ser igual de claro para ti. Las personas a las que necesitas vender se darán a conocer por sí mismas y podrás centrarte en ellas.

Digamos que quieres perseguir tu pasión por la cerámica. Tienes la visión de crear una vajilla hermosa y venderla al mercado de productores locales o exhibirla *online* en tu propia página web. No necesitas que nadie diga *sí* a tu sueño. No existen supervisores en el mundo de la cerámica… a menos que quieras pedir un préstamo para financiar todo el equipo y los materiales que necesitarás. Entonces necesitas que un banco (o un pariente o un amigo con dinero) diga que *sí*, lo que significa que ellos son tus clientes y es tu trabajo venderles tu visión.

Pero supongamos que no necesitas pedir un préstamo, aun así debes pensar en las personas que buscas que te den un *sí* para saber que están de tu lado. En este caso podría ser tu pareja o tus padres, a quienes les preocupe que abandones la universidad o renuncies a tu trabajo, te quedes sin dinero y te arruines. No son detractores en el sentido tradicional de la palabra, solo tienen miedo, por ti y por ellos. Tu trabajo es venderles tu visión para dejarlos tranquilos y luego para hacer que ese *no* potencial se transforme, idealmente, en un *sí* o al menos en un «está bien». Por supuesto que no necesitas su aprobación para perseguir tus sueños, y no deberías dejar que eso te detenga si no la consigues, pero si puedes lograrlo, siempre es mejor tener a más personas de tu lado.

De adolescente en Austria, aprendí mucho sobre ventas en la escuela de formación profesional, y también trabajando como aprendiz en una ferretería de Graz. Hice todos los trabajos que uno espera hacer en una ferretería: entregas, inventario y reabastecimiento, barrer, llevar el registro contable, atención al cliente y, por supuesto, vender. Allí, observando al propietario, *Herr* Matscher, aprendí lo más importante sobre vender y por qué las personas compran las cosas que compran, no solo productos y servicios, sino también ideas.

Herr Matscher podía vender toda clase de cosas a toda clase de personas, porque les prestaba atención y las comprendía. Recuerdo que una tarde una pareja entró a la tienda para comprar baldosas. *Herr* Matscher saludó cortésmente a la señora y luego dirigió su atención al marido, algo tradicional en una cultura como la austríaca de principios de los años sesenta, porque él era el jefe de la casa. *Herr* Matscher tomó una selección de baldosas y las expuso frente a la pareja. Comenzó a explicar los aspectos positivos y negativos de cada color y estilo, dirigiendo las palabras hacia el hombre. Le preguntó si prefería un estilo u otro, un color u otro. Le preguntó en qué habitación los pondrían, cuál era su presupuesto, para cuándo los necesitarían. De inmediato, el esposo se molestó ante la cantidad de preguntas, lo que me confundió. Las preguntas de *Herr* Matscher eran habituales y necesarias. Un cliente usual se molestaría si no se las hicieran. Luego noté que *Herr* Matscher se volvía hacia la esposa. Ella estaba interesada en sus preguntas. Tenía opiniones sobre las baldosas. Estaba escuchándole y considerando todo lo que él decía.

Herr Matscher comprendió que había estado conversando con la persona equivocada. Quizás fuera el esposo quien ganaba todo el dinero, pero era la opinión y decisión de la esposa lo que importaba. Ella tenía una visión clara de lo que harían con las baldosas. A su esposo no le importaba, él solo quería que ella fuera feliz y firmaría el cheque. Técnicamente hablando, él era el comprador, pero el verdadero cliente era ella. *Herr* Matscher necesitaba su aprobación. De inmediato, dirigió toda su energía hacia la esposa, y después de una conversación extensa que no involucró al esposo, tomaron una decisión.

—¿Qué piensas, querido? —le preguntó a su esposo.

—Sí, sí, lo que tú quieras —respondió él, sin siquiera mirar la baldosa que ella había seleccionado.

Herr Matscher le enseñó la factura con el coste total, y él firmó el cheque de inmediato sin hacer *ninguna* pregunta.

—¿Qué acabas de aprender? —me preguntó *Herr* Matscher después de que la pareja se retirara.

—Cómo vender nuestro producto —respondí, sin saber qué me estaba preguntando realmente.

—Sí, pero eso es solo un aspecto —dijo—. ¿No viste cómo cambié de postura y comencé a prestarle atención a la mujer? Lo hice porque ella era el cliente de esta compra en particular. A ella se le ocurrió comprar baldosas para el baño. Ella pensó en el color que debían elegir. De modo que me centré en ella.

—Me di cuenta de eso —respondí.

—Cuando entra una pareja o un grupo —siguió—, debes descubrir quién es el comprador, quién siente pasión por lo que sea que estés vendiendo, quién se involucra más en la conversación contigo. Debes saber quién es el cliente, quién es el jefe y quién toma las decisiones.

Nunca olvidaré esa conversación y lo que me enseñó acerca de prestar atención y conectar con las personas. Nunca puedes dar por sentado quién es tu cliente. No siempre resulta tan claro a quién debes conducir a un *sí* y a quién debes alejar de un *no*. A menos que prestes atención a quien te está prestando atención a ti, es imposible saber con seguridad a quién está atrayendo tu visión y a quién le está impactando de manera negativa.

Una gran parte de vender tu visión es notar cómo reacciona el mundo a tu alrededor frente a lo que estás intentando lograr. De esa forma logras descubrir quién quiere decir que *sí* y quién necesitas que diga que *sí*. Si logras hacer eso, entonces sabrás quiénes son tus clientes incluso antes de que ellos sepan que les estás vendiendo algo.

HAZ MONTAÑAS DE PEQUEÑAS COLINAS

Tú eres tu primer cliente, si te paras a pensarlo. El propósito de tener una visión sumamente clara y pensar en cómo la harás realidad es venderte a ti mismo la posibilidad de cumplir tu propio sueño. Pero en algún momento también debes vendérsela al mundo. Una de las maneras más auténticas y fáciles de comenzar a vender es dejar hablar a tu voz interior para que otros la escuchen. Debes contarles a los demás todas esas cosas que te dices a ti mismo sobre lo que lograrás hacer.

Para algunas personas, comprometerse con su visión en público es esencial, porque suelen quedarse atascadas en la planificación en lugar de avanzar con la ejecución. Soñar siempre es mucho más fácil que hacer. Comprometerse en público con un objetivo grande es una excelente forma de comenzar a dar los primeros pasos. También es una parte fundamental para muchos de nosotros que necesitamos que los demás conozcan nuestros sueños, para que esos sueños alcancen su máximo potencial. Podría tratarse de abrir un restaurante o un taller mecánico, de lanzar una campaña política, cualquier cosa que necesite clientes o simpatizantes de alguna clase. Si necesitas que las personas sepan lo que estás haciendo, tienes que contárselo. Y si realmente quieres que funcione la exposición de tu sueño al mundo, no se lo cuentes simplemente, actúa como si ese sueño ya fuera realidad. Eso se logra hablando de manera abierta sobre lo que estás intentando alcanzar, pero eliminando el tiempo futuro de tu vocabulario.

No dices: «Seré un gran fisicoculturista». Dices: «Me veo como un gran fisicoculturista».

No dices: «Seré un gran actor protagonista». Dices: «Me veo como un gran actor protagonista».

Esto se hace constantemente en los mítines de campañas políticas. No decimos: «Por favor, demos la bienvenida al hombre que será el próximo gobernador de California...». Siempre es así: «Por favor demos la bienvenida al próximo gobernador de California...».

Decir las cosas de esta manera es muy potente por dos razones: en primer lugar, presenta tu visión al mundo como si fuera real, lo que te pone en una posición de tener que trabajar duro *ahora mismo* para que tu sueño se vuelva realidad. En segundo lugar, en aquellos casos en los que necesitas que otras personas crean en tu visión para que alcance su máximo potencial, hacer que parezca que ya has llegado allí es una magnífica estrategia de *marketing*. Para las personas que quieren ser parte de tu empresa, de tu movimiento o de lo que sea, brindarles la sensación de que el sueño ya es realidad es como una llamada a la acción.

Esta era la magnífica estrategia de Joe Weider y su hermano, Ben. No decían: «Algún día, el fisicoculturismo será un gran deporte». Decían: «El fisicoculturismo es un gran deporte», y difundieron ese mensaje en todos los lugares donde pudieron. En viajes promocionales a otros países, mientras intentaban constituir una federación internacional de fisicoculturistas, les decían a los políticos locales: «¡El fisicoculturismo construye naciones!». ¡Qué gran frase!

De niño, a principios de la década de 1960, mientras leía las revistas y miraba sus anuncios, no tenía ninguna razón para creer que el fisicoculturismo no era todo lo que los Weider afirmaban que era. *Seguramente* debía ser un deporte masivo que tenía seguidores en todo el mundo. Al fin y al cabo, los fisicoculturistas actuaban en películas. Aparecían en portadas de revistas y en imágenes con hermosas mujeres en lugares famosos como *Muscle Beach*.

Patrocinaban productos. Eso no sucede a menos que el fisiculturismo sea algo enorme, ¿verdad?

Falso.

Cuando llegué a *Venice Beach* a fines del año 1968, pronto aprendí que Joe había exagerado un poco las cosas. *Muscle Beach* había estado cerrada durante casi una década. Los fisiculturistas no se paseaban con tablas de surf bajo un brazo ni mujeres rubias bajo el otro. Tampoco eran ricos ni famosos. *Weider Nutrition*, que yo creía que era una gigantesca empresa —no solo en el ámbito de la industria del fisiculturismo, sino en el ámbito de la industria en general— era en realidad una empresa estadounidense con un éxito mediano. Tenía un gran número de empleados en múltiples oficinas que vendían una impresionante cantidad de productos, pero los aviones que yo había visto en las revistas y que ostentaban el nombre de Weider no existían. Él había alquilado un avión para una sesión de fotos y le había colocado un logo falso.

Aun así, eso no me importó. Joe me había convencido a mí y a millones más a lo largo de los años de que Estados Unidos era el lugar donde debíamos traer nuestras visiones de vida para dar el siguiente paso en nuestro camino hacia el éxito. También Los Ángeles era el lugar donde tenía que ir para dar el próximo paso después de aquello. Además, como yo era un joven de veintiún años repleto de energía, el hecho de tener que trabajar un poco más de lo que había imaginado para convertir el fisiculturismo en un deporte masivo no me preocupó demasiado. Joe había hecho tanto para hacer crecer al deporte, que había captado mi atención y me había traído a Estados Unidos. Ahora era mi turno de hacer lo propio, de vender la visión y de hacer que el deporte creciera todavía más, y de atraer a todos los demás.

Decidí contratar a un publicista, que me ayudó a llegar a *The Dating Game*, *The Mike Douglas Show* y, más adelante, a *The Tonight Show* con Johnny Carson. Impartí seminarios de fisiculturismo por todo el país, para complementar mis folletos de entrenamiento y así expandir nuestro alcance e informar a quienes estaban interesados. Aproveché cada oportunidad que tuve para contar la historia del fisicoculturismo de la manera en la que Joe y yo creíamos que debía ser contada, lo que implicó hablar con Charles Gaines y George Butler en 1973 para su libro, *Pumping Iron*, lo que a su vez preparó el terreno para todo lo que se desarrollaría a lo largo de la década.

En el verano de 1974, di una entrevista a un redactor de *Los Angeles Times* en la que desmitifiqué todos los prejuicios sobre el fisicoculturismo, y expliqué de qué se trataba en realidad el deporte. Le vendí el deporte al periodista de la misma manera en la que Joe lo había hecho conmigo a través de sus artículos. El resultado fue un extenso y justo perfil que se refería a mí como «el Babe Ruth del fisicoculturismo». Incluía una foto de cuerpo entero en la portada de la sección de deportes, acompañada de un titular que alardeaba de la cantidad de dinero que ganaba solo gracias a este deporte. Unos meses más tarde, la revista *Sports Illustrated* escribió una historia sobre la competición Mr. Olympia, que se había celebrado en el *Madison Square Garden* ese año, y estaba repleta del mismo vocabulario que un periodista deportivo utilizaría para describir a los mejores atletas de los deportes más populares de ese momento.

Apenas dos años más tarde, la televisión estadounidense transmitiría la competición de Mr. Olympia por primera vez en el programa televisivo de la cadena ABC, *Wide World of Sports*. Artistas famosos como Andy Warhol, Robert Mapplethorpe, Leory Neiman y Jamie Wyeth me fotografiaron y pintaron. En febrero de 1976, Frank Zane, Ed Corney y yo recibimos la propuesta de posar para un grupo de historiadores y críticos de arte en el museo Whitney de Nueva York como parte de una exhibición llamada «*Articulate Muscle: The Male Body in Art*», el cuerpo masculino en el arte, que *Sports Illustrated* describió como la oportunidad de contemplarnos «no en términos atléticos, sino como artistas viviendo dentro de nuestras propias creaciones». La exhibición fue tan popular que el museo se quedó sin sillas y ¡tuvo que pedirle a la mayor parte de la audiencia que se sentara en el suelo!

Al comienzo de la década, la idea de que los «fenómenos musculosos» de esa extraña y pequeña subcultura fueran considerados creadores de obras de arte, o que medios gráficos como *Los Angeles Times* y *Sports Illustrated* escribieran artículos válidos sobre nosotros, parecía imposible de imaginar. Y, sin embargo, allí estábamos. Habíamos llegado. Convirtiéndome en representante eficaz del fisicoculturismo, ayudé a finalmente presentar y explicar el deporte, de manera que impulsó el relato hacia las metas que todos estábamos intentando lograr.

Hacia el año 1975 o 1976, el fisicoculturismo había evolucionado de ser una subcultura a formar parte de la cultura. Al final de la década, todos, desde bailarines hasta médicos, consideraban el levantamiento de pesas un tipo de ejercicio físico más. Las personas levantaban pesas para tener buen aspecto, para sentirse bien y para mantener una buena condición física en general. Utilizaban pesas como parte de tratamientos de fisioterapia y rehabilitación. Los atletas de otros deportes también levantaban pesas cada vez más, como una forma de ganar posibilidades competitivas. Como resultado, los gimnasios comenzaron a brotar por todas partes.

Creo que Joe contaba con que todo eso sucedería. Es la otra razón por la que me pagó el billete de avión y me ayudó a establecerme durante los primeros días. Él sabía que yo era la clase de persona incansable, que promocionaría el fisicoculturismo al máximo para convertir mi sueño en realidad y, en el camino, también haría lo mismo con el suyo.

Este fue el elemento distintivo que caracterizó a Joe Weider, que, si lo tienes en cuenta, puede desbloquear todo el potencial de tu visión. A través de su habilidad para vender, Joe había hecho que el fisicoculturismo pareciera ser más de lo que realmente era, pero, de ese modo, cada decisión que tomó y cada paso que dio después iba dirigido a transformar esas promesas de *marketing* en una realidad. Lo que hizo, como soñador, vendedor y autopatrocinador, fue proyectar al mundo dónde deberían estar el fisicoculturismo y su propio negocio, si él continuaba haciendo lo que estaba haciendo. Les estaba enseñando a quienes tuvieran un sueño similar, dónde estaban el camino y el destino, y si querías unirte a él para cumplir su sueño de convertir el fisicoculturismo en un deporte popular, podías ser una gran parte de ese proceso. El hecho de que él todavía no había llegado allí no era mentira. Era solo cuestión de cuándo, no de si lo lograría. Hoy en día, la industria del *fitness* genera cien mil millones de dólares en ingresos anuales.

Joe fue un adelantado a su tiempo. Muchos de los empresarios más famosos de hoy en día siguieron sus pasos incluso sin darse cuenta, porque su estilo de promoción y ventas es el que utilizaron exitosas empresas emergentes de Silicon Valley, como Airbnb, por ejemplo, para trazar su rumbo y convertirse en «unicornios» globales valorados en miles de millones de dólares. La empresa no hubiera crecido tanto si, en lugar de hablar del potencial revolucionario que tenía para una persona común y corriente pasar la noche en el hogar de otra persona en cualquier lugar del mundo, sus fundadores hubieran simplemente expuesto su idea original como una alternativa hotelera, para quienes asistían a conferencias en ciudades donde ya estaba todo reservado. Incluso aunque los fundadores hubieran dicho: «Eh, estamos listos para crecer más allá de esta idea y ¡estamos muy entusiasmados por ver adónde nos llevará!», nadie hubiera comprado la idea, si tampoco expresaban ni vendían la visión más grande, como si ya estuvieran a medio camino del recorrido. Eso lo aprendí muy pronto gracias a Joe.

Hay una frase motivacional que adoro: «Visualízalo. Créelo. Lógralo». Pero creo que se salta un paso: *Explícalo*. Antes de lograr tus metas, creo que debes exponerlas. Compartirlas. Creo que debes admitir, y comunicarles a otros, que esto que comenzó en tu mente como una idea pequeña, ha explotado y se ha convertido en un enorme sueño que tiene el potencial gigantesco de beneficiar tu vida y la vida de los demás.

DEJA QUE TE SUBESTIMEN

Un buen vendedor sabe que la clave para realizar una venta y conseguir un cliente de por vida es darle al cliente más de lo que esperaba, y hacerle creer que él siempre obtiene la mejor parte del trato. Cuando eres tú quien está vendiendo, la mejor manera de sobrepasar las expectativas es mantenerlas bajas durante tanto tiempo como sea posible. O quizás una mejor forma de decirlo es que no deberías temer que tu cliente se aferre a sus bajas expectativas, porque entonces es mucho más fácil sorprenderlo y venderle lo que tienes para ofrecer.

Dos semanas ante de la convocatoria electoral de 2003, participé de un debate televisivo con los otros cuatro candidatos principales. Era *el* momento crucial de aquella locura de campaña. Se habían acreditado quinientos miembros de la prensa. Había al menos sesenta cámaras en el salón. Todos los canales de noticias nacionales, así como todos los afiliados de las cadenas locales del estado, transmitieron el debate en vivo. De acuerdo con las encuestas de esa semana, dos tercios de los posibles votantes habían dicho que el resultado del debate influiría de manera significativa en su decisión final. El principal candidato demócrata, el vicegobernador Cruz Bustamante, iba en cabeza. Nadie sabía qué pensar, pero, a juzgar por las noticias previas al debate, todos esperaban que yo fracasara estrepitosamente.

Durante semanas solo se cuestionó mi credibilidad. Es actor, ¿hay que tomarle en serio? Es fisicoculturista, ¿tendrá alguna idea? ¿De verdad es tan inteligente? Es rico y famoso, ¿de verdad le importa algo esto? ¿Cómo puede estar calificado para liderar a cuarenta millones de personas y gestionar la sexta economía más grande del planeta?

No mentiré: todas esas preguntas fueron jodidamente frustrantes para mi ego. Desde que me había mudado a Estados Unidos había estado lidiando con esa clase de cuestionamientos, en cada etapa de mi vida, en todos los ámbitos, y creo que siempre fue por la misma razón: nadie había visto a una persona como yo antes. En la década de 1970, no había muchos tipos caminando por Los Ángeles cargando con ciento seis kilos de músculo. En los ochenta, Hollywood no tenía ningún héroe de acción con aspecto de que *realmente* podía asesinar a los malos. Tampoco había actores protagonistas cuyos músculos fueran tan fuertes como su acento. Recuerdo que, cuando fui a mi primer programa de entrevistas a medianoche, el presentador exclamó: «¡Puedes hablar! ¡Dios mío, damas y caballeros, puede hablar!». Y todos aplaudieron. Lo mismo estaba sucediendo mientras me metía en política.

Si alguna vez te encuentras en una posición similar junto a personas que ocupan posiciones de poder e influencia, y tienes que venderles tu visión, debes darte cuenta de que te están brindando una oportunidad de oro. Cuando eres diferente, único, y nadie ha tratado con alguien como tú antes, subestimarán por completo lo que eres capaz de hacer.

No dejes que tu ego gane. No los corrijas. Si puedes mantenerte centrado en ganar y en alcanzar tus metas, puedes utilizar sus dudas y prejuicios en su contra para dirigir sin esfuerzo la conversación, la entrevista o la negociación hacia lo que quieras debatir.

La estrategia de transición, o *bridging*, es una técnica comunicacional que cualquiera puede utilizar para conseguir el control de un debate hostil o para evitar una pregunta que no quieres responder, desviando la atención hacia un tema que se ajuste mejor a tus intereses, en lugar de los intereses de la persona ubicada al otro lado del micrófono o de la mesa de negociación. Descubrí esta técnica gracias a Jim Lormier, ya fallecido, que fue mi amigo toda la vida, mentor y socio de negocios en Arnold Sports Festival. Jim era abogado, agente del FBI, político local, ejecutivo de una empresa de seguros, profesor de derecho y autor de múltiples libros legales. El hombre sabía un par de cosas sobre responder las preguntas que él deseara responder, no las que le preguntaran. Jim afirmaba nadie que te coloca un micrófono delante y te hace un montón de preguntas lo hace para beneficiarte. Tienen sus propios intereses, ya sea encontrar la manera de llenar una columna, sonsacar una declaración controvertida que llame la atención, o en algunos casos simplemente intentar que quedes como un idiota.

No les debes nada. Definitivamente no les debes la respuesta que ellos creen merecer. Este es tu tiempo tanto como el de ellos. Esta es tu oportunidad de vender tu historia y tu visión tanto como es su oportunidad de crear cualquier relato que deseen. De modo que aprovecha el tiempo y la oportunidad para desviar la conversación de lo que ellos quieren escuchar, hacia lo que tú necesitas decir para alcanzar tus metas.

La forma de lograr esto, me enseñó Jim, es escuchar la pregunta que te están haciendo, y luego comenzar a responder aceptando la premisa de la pregunta, para establecer un terreno en común con tu entrevistador. Hecho esto, una vez que el entrevistador se siente un poco más cómodo, debes cambiar de dirección de inmediato, para reformular la pregunta y decir lo que realmente quieres. Aquí tienes un ejemplo:

—Arnold, nunca te has presentado para un cargo político en ningún nivel. ¿Qué te hace pensar que cuentas con las herramientas para guiar al estado más grande del país?

—Esa es una gran pregunta, pero una mejor sería: «¿Cómo puede el estado más grande del país darse el lujo de continuar por este camino, con la misma clase de políticos que nos condujo a este caos?».

Es como el judo. No debes resistir el avance de las personas que te están subestimando. Por el contrario, debes utilizar ese avance en su contra aferrándote de él, para luego girar y expulsarles del dojo. Debes arrojar sus malditas acusaciones a la basura, que es donde deben estar.

Sin saberlo, lo que los críticos y periodistas habían logrado con esas preguntas condescendientes antes del debate, fue que utilizar la estrategia de transición me resultara tan fácil como un paseo por el parque. Lo único que habían hecho con sus historias simplistas sobre mi candidatura había sido rebajar las expectativas de lo que los votantes debían escuchar de mí, para convertirme en un candidato gubernamental viable. Cuando llegó la noche del debate, sentí que lo único que debía hacer era estar sobrio y permanecer despierto y así habría cumplido con las expectativas que los medios tenían de mí.

Decidí superarlos en todos los aspectos. Mientras el debate se sumía en el caos y los candidatos comenzaban a atacarse mutuamente desde cada extremo de ese extraño podio con forma de V, yo me centré en redirigir cada pregunta que hacía el moderador y cada comentario soez que me lanzaba uno de mis oponentes, y en cambio hablé sobre liderazgo, enumeré algunas de mis ideas políticas y solté algunos chistes oportunos para dar un toque especial. A Arianna Huffington no le gustó cuando le dije que tenía un papel para ella en *Terminator 4*. Se sintió tan poco a gusto como Cruz Bustamante cuando me referí a él como «Gray Davis: la secuela». Mi objetivo de esa noche era demostrar que era bueno escuchando, que era un buen comunicador, un luchador y un patriota que sentía que ya era hora de retribuir a la comunidad teniendo a los californianos como prioridad. Básicamente, quería demostrarles a los votantes que yo era lo opuesto a todo y a todos los que nos habían conducido a una nueva convocatoria electoral.

Lo logré.

El día anterior al debate tenía aproximadamente un veinticinco por ciento de apoyo en las encuestas. En el día de la elección, tan solo dos semanas más tarde, logré alcanzar el 48,6 por ciento de los votantes, 4,2 millones de votos en total. Trescientos mil votos más que el segundo candidato y el tercero *juntos*.

Nadie podía creerlo. Los medios de todo el país escribieron artículos sobre mi excepcional ascenso. Excepto que no había ascendido a ningún lugar. Había estado preparándome durante horas, había ensayado chistes, había repasado mis ideas una y otra vez hasta saberlas de memoria, había estudiado cada una de las políticas que sentía que eran las más importantes para el futuro de California. Para ser breve, me encontraba justo donde siempre había estado. Fueron los demás los que finalmente subieron a mi nivel y reconocieron lo que siempre habían estado subestimando.

SÉ TÚ MISMO, ADUÉÑATE DE TU HISTORIA Y COSECHA LAS RECOMPENSAS

Era el 10 de noviembre de 2005. Llevaba dos años como gobernador de California, y me acababan de patear el trasero en un referéndum especial que, a pesar de los consejos de muchas personas, yo mismo había convocado para presentarles a los votantes cuatro políticas que no lograba hacer avanzar en la legislatura. Como les dije al grupo de periodistas reunidos en el Capitolio para la conferencia de prensa posterior al referéndum, cuando hay algo que quiero hacer, algo en lo que verdaderamente creo, puedo ser contundente e impaciente.

Fue una campaña difícil. Gastamos mucho dinero. Nos involucramos en muchas discusiones, públicas y privadas. La cobertura que la prensa hizo de esos debates no fue agradable. Mi índice de aprobación se redujo a un treinta y tres por ciento después de aquello, más bajo que el de George W. Bush en California, con todo lo que eso significa. Con la campaña de reelección a la vuelta de la esquina, los analistas predecían que, al haber malinterpretado el escenario político, había condenado el resto de mi mandato como gobernador.

Los californianos me habían elegido para destruir el *statu quo* y luchar en contra de los intereses especiales que controlaban el Capitolio. Lo que me decían ahora en las urnas era: «Eh, Schnitzel, te colocamos allí para que tú hagas el trabajo, no para hacernos trabajar a nosotros». Cuando me dirigí a los treinta y cinco millones de residentes de California a través de los periodistas en la sala de prensa y a las cámaras de televisión que había detrás, me aseguré de que los californianos supieran que había recibido el mensaje alto y claro.

—Asumo toda la responsabilidad de este referéndum —declaré—. Asumo la responsabilidad completa de este fracaso. Recae en mí.

Mi equipo se puso de pie a mis espaldas. Había pasado el día anterior con ellos analizando la información, los resultados y comprendiendo las cifras de manera más precisa. Habían sido desalentadoras. Tres de las cuatro medidas perdieron por dos dígitos. No era culpa de mi equipo, y así se lo comuniqué a mis representados. Antes de salir a hablar con la prensa, había pasado horas en una reunión matutina a puerta cerrada con los líderes del Senado y la Asamblea. El menú de desayuno consistió en un plato de humildad acompañada con unos cuantos «te lo dije», y me comí todo el plato. Cuando anuncié el referéndum cinco meses antes, no imaginé que me presentaría de esa manera frente al micrófono para asumir la responsabilidad por el resultado.

Ponte en mi lugar durante un minuto. ¿Cómo crees que me sentí? Estar de pie delante de mis adversarios, así como también de las personas que más creían en mí, delante del estado entero, del país entero a decir verdad, y admitir que había fracasado. Que había cometido un error. Que había disgustado a muchas personas y que era culpa mía y de nadie más.

Quizás te sorprenda, pero no fue para nada difícil. Por supuesto, asumir la responsabilidad por el resultado de un referéndum —y por su mera convocatoria, para ser honesto— era algo único para un político de alto nivel. Pero no era algo nuevo para mí. Yo no rehúyo la responsabilidad. Me hago cargo de quién soy y de las cosas que hago, mis éxitos y fracasos. Este era solo el ejemplo más reciente de afrontar a una decisión controvertida o a una verdad incómoda y asumirla. Durante la campaña, me preguntaron acerca de mi consumo de marihuana en el pasado. A diferencia de otros políticos, no esquivé el tema. «Sí, y también inhalé», respondí. Cuando algún periodista sacó a la luz un video loco que había hecho para *Playboy* durante el carnaval, en los primeros años de la década de 1980, no intenté excusarme ni negarlo, simplemente dije: «Fue una gran época». Porque en verdad lo fue.

¿Por qué mentir? ¿Qué sentido tiene hacerlo? Una de las razones principales por las que me habían votado era porque *no* soy el típico político de apariencia falsamente impecable. Soy una persona normal que disfruta divirtiéndose. ¿Por qué fingir que las cosas que me llevaron donde estaba y me hicieron como soy no sucedieron? Lo único que estaría haciendo sería vender la historia de un desconocido.

Esto es algo en lo que deberías pensar. ¿Cuál es el valor de intentar ser alguien que no eres? ¿O de esconder tu verdadera historia y dejar que alguien más la cuente? ¿Adónde crees que eso te conduce al final? Lo juro, a ningún lugar agradable. ¡Acepta quién eres! ¡Adueñate de tu historia! Incluso si no te gusta. Incluso si es mala y te avergüenzas de ella. Si la rehúyes y te escondes de tu pasado, si niegas tu historia e intentas vender una diferente, incluso con la mejor de las intenciones, puedes parecer un estafador. O peor, un político.

En ese sentido, asumir la responsabilidad por el referéndum era una opción fácil. También era la decisión correcta e inteligente, si todavía quería lograr la visión que tenía para California cuando decidí postularme a gobernador por primera vez. Si no me ponía en pie para explicar lo que había sucedido, por qué había sucedido, quién era responsable, cómo cambiarían las cosas a partir de ese momento —si no llenaba ese espacio primero—, entonces mis oponentes y todos esos periodistas parados frente a mí lo explicarían con sus palabras, tergiversando mis ideas y utilizando el vocabulario de otro, cuya visión probablemente no estuviera alineada con la mía.

Entonces, ¿qué sucedió exactamente? Irónicamente, fallé en contar bien la historia. No logré vender el valor de cada medida propuesta, y no supe conectarlas con mi visión para California. Fallé en comunicar de manera efectiva las problemáticas que había en el núcleo de cada medida. ¿Por qué fallé? Porque fui demasiado agresivo con mi retórica. Muy técnico con mis explicaciones. Asumí que las personas sabrían de lo que estaba hablando, o que lo aprenderían, porque estas cuestiones eran importantes e impactaban seriamente en sus vidas.

Demonios, había perdido de vista quiénes eran mis clientes. Los votantes moderados e indecisos que necesitaba persuadir no veían cómo estos asuntos se conectaban con sus vidas. Plazas fijas para maestros. Límites para el gasto estatal. Cuotas sindicales y contribuciones políticas. Ni siquiera la reforma del trazado de los distritos logró conectar con ellos. En ese caso, fue porque yo había hablado de los tecnicismos de rediseñar los límites de los distritos, en lugar de comunicar la filosofía detrás de nuestra intención de cambiarlos: para quitarles el poder a los políticos y así lograr que los distritos estatales pudieran reflejar, de manera más precisa, cómo vivían las personas.

En pocas palabras, había llenado esos espacios con un montón de mierda que a la mayoría de los californianos no les interesaba descifrar. Era culpa mía, y no pensaba volver a hacerles eso nunca más. Tampoco los volvería a forzar a dirimir conflictos que surgieran entre mi equipo y la legislatura. A partir de ese momento, descubriríamos en qué podríamos trabajar juntos y luego nos centraríamos en aprobar leyes en aquellas áreas. Esa fue la promesa que les hice durante la conferencia de prensa, y eso fue exactamente lo que sucedió.

¿No me crees? Déjame contarte qué sucedió en los años posteriores. Durante el año siguiente, la asamblea legislativa y yo trabajamos juntos como nunca. Celebramos unas increíbles y constructivas sesiones que dieron como resultado el Proyecto de Ley 32 (AB, por sus siglas en inglés), un histórico proyecto de ley ambiental que tenía como objetivo reducir las emisiones de gases de efecto invernadero un veinticinco por ciento para el año 2020; el Proyecto de Ley del Senado 1 (SB, por sus siglas en inglés), la política sobre energía solar más ambiciosa jamás propuesta, conocida como la iniciativa del «millón de techos solares», y un paquete de infraestructuras de cincuenta mil millones de dólares para reconstruir carreteras, autopistas, puentes, aulas, diques, viviendas asequibles y sistemas ferroviarios de California, entre otras. ¿Y sabes cuál fue la clave para convencer a la gente de que debíamos llevar a cabo esa reforma de infraestructuras? Como ya había aprendido en 2005, esta vez no utilicé tecnicismos como «infraestructura». En su lugar, hablé sobre la necesidad de arreglar nuestras viejas carreteras y construir nuevas para que los padres no quedaran atascados en el tráfico tanto tiempo y se perdieran los entrenamientos de fútbol de sus hijos con tanta frecuencia. Hablé de arreglar puentes y líneas ferroviarias para que las personas pudieran comprar las cosas que necesitaran cuando las necesitaran. Les expliqué a los votantes de California que, cuanto más rápido trasladáramos a las personas y las mercancías, más se incrementaría nuestro poder económico. Dejé de hablar de la corrupción y la desigualdad de las políticas de la redistribución de los distritos del estado, y, en cambio, les expliqué a los votantes que quería quitarles el poder a los políticos y entregárselo a ellos, conté mi historia utilizando un lenguaje que de verdad conectara con las vidas de las personas a quienes estaba intentando convencer. Luego, en junio de 2006, me reeligieron gobernador con un porcentaje incluso mayor de votos (55,9 por ciento) e incluso un número mayor de votos totales (4,85 millones) que en 2003.

Tan solo imagina si no hubiera convocado esa conferencia de prensa posterior al referéndum. Si, en cambio, me hubiera encerrado en mi oficina y negado a hablar con cualquiera o a hacer comentarios. Haberme negado a asumir la responsabilidad de mi fracaso y a pedir perdón me hubiera convertido en un clásico político, que era exactamente lo opuesto de lo que los votantes querían cuando me eligieron. Pero incluso peor, le hubiera otorgado carta blanca a cada uno de los medios que cubrieron el referéndum para contar la historia con sus propias versiones de los hechos. Sin duda, las noticias habrían sido horripilantes. La narrativa hubiera sido la siguiente: «Arnold solo ha tardado dos años en convertirse en parte del problema, otro político despiadado, arrogante y desconectado de la realidad». Imagina los titulares sarcásticos: LOS VOTANTES TERMINAN CON ARNOLD. EL ÚLTIMO GRAN FRACASO. SAYONARA, GOBERNATOR.

Excepto que ninguno de esos titulares se hizo realidad. Las noticias que se generaron no se parecieron en nada a aquellas que describían el debate gubernamental del año 2003 y la elección revocatoria. No hubo sensación de conmoción o sorpresa. Tampoco chismes o afirmaciones falsas. Lo que sucedió fue que las noticias de 2005 eran aburridas. Poco emocionantes. Casi tediosas. Eran típicos análisis políticos y columnas de opinión. Porque yo había tomado la decisión, tal como tú puedes tomarla, de apropiarme de mi historia, de escribirla por mí mismo con mis propias palabras.

En aquellos dos primeros días posteriores al referéndum especial, los analistas que habían predicho mi caída consideraron descabellado que la asamblea legislativa, controlada por los demócratas, pudiera siquiera trabajar con lo que todos asumían que era ahora un gobernador republicano fracasado. Que yo fuera reelegido de manera arrolladora menos de ocho meses después... probablemente sonaba como el guion de una película de ciencia ficción. Resultó ser una historia verídica.

Nada vende mejor que una historia verídica de una persona genuina. En especial cuando la historia trata de esa persona. Esto no solo tiene que ver con ser elegido para un cargo político o aparecer en una revista. Sucede lo mismo si estás intentando que tu jefe te aumente el sueldo, atraer la atención de la persona que te interesa o lograr el beneplácito de tu familia para alistarte en el ejército. En todos esos casos, sin importar cuál sea tu sueño, te estás vendiendo a ti mismo, y estás vendiendo la historia de la vida que intentas crear para ti. O llenas ese espacio de manera abierta y honesta con tus propias palabras, o alguien más lo hará por ti y recogerá la recompensa en tu lugar.

Puede parecer aterrador en este momento, pero puedes hacerlo, te lo prometo. He vivido muchas cosas. He conocido a muchas personas felices y exitosas de todo el mundo. Personas famosas. Poderosas. Interesantes y creativas. Personas normales, bondadosas y trabajadoras. Lo que todas ellas tienen en común es que nunca permiten que nadie escriba sus historias. Saben cómo vender su visión mejor que nadie, y caminan en paz por el mundo sabiendo esto.

5

Cambia el foco

En marzo de 2020, estaba atrapado en casa como la mayoría de las personas, pegado a mi televisión mirando las noticias sobre el virus mortal que arrasaba el mundo y había cerrado gran parte de Estados Unidos. Una y otra vez, durante aquellos primeros días de la pandemia, todo lo que escuchábamos del presidente de Estados Unidos y del gobernador de California, donde vivo, era que no teníamos suficientes respiradores, mascarillas, ni equipamiento de protección personal (EPI) para hospitales y personal de emergencia. Teníamos algo de equipamiento en reservas estratégicas, nos decían, pero no durarían mucho tiempo y podría llevar semanas, quizás incluso meses, contar con EPI para satisfacer la necesidad creciente. No había perspectivas de obtener respiradores.

No podía creer lo que estaba escuchando. Aquello era una locura para mí. Estados Unidos es el tercer país más grande del mundo en población y la economía más importante. ¿A qué se refieren con que no hay mascarillas suficientes? Es imposible.

Llamé a un puñado de hospitales de Los Ángeles con los que había tratado a lo largo de los años, ya fuera como paciente o político. Llamé a UCLA Medical Center, Cedars-Sinai, Martin Luther King Jr. Community Hospital, Keck Hospital of USC y Santa Monica Medical Center. Les pregunté a los administradores de cada uno de ellos cómo estaba la situación. Todos estaban teniendo grandes dificultades para obtener EPI. En algunos hospitales, los doctores y enfermeros llevaban sus mascarillas a casa para lavarlas por la noche y luego reutilizarlas en el próximo turno. Los demás hospitales estaban a punto de llegar a esa situación, pero esperaban que el estado les proveyera lo necesario antes de llegar a ese punto.

Me sentía realmente frustrado. En 2006, durante el brote de gripe aviar en Asia, asigné una partida de más de doscientos millones de dólares para contar con una reserva estratégica de suministros y equipamiento médico para el estado de California, denominada iniciativa *Health Surge Capacity*, en caso de que nos azotara una pandemia como esta. Esta reserva estaba compuesta por cincuenta millones de mascarillas N95 y casi dos mil quinientos respiradores, junto con todos los recursos necesarios para construir hospitales móviles del tamaño de un campo de fútbol, y los fondos necesarios para el mantenimiento de todo aquello. Pero entonces, cinco años más tarde, durante un recorte de presupuesto, mi sucesor dejó de destinar fondos a esa reserva para ahorrar algunos millones al año. En algún momento, todas las mascarillas y respiradores se volvieron inutilizables, incluso aquellos donados a los hospitales locales, porque nadie había empleado dinero adicional para mantenerlos.

En esa etapa temprana de la pandemia, nuestra reserva estratégica fácilmente hubiera provisto lo necesario a todos esos hospitales. Y ahora estábamos en esta situación, donde los administradores de hospitales de la segunda ciudad más grande del país pedían ayuda a los líderes del estado más grande del país, quienes a su vez recurrían a los líderes del país más rico de la historia del mundo; y nadie tenía una jodida idea de qué hacer. Con razón la gente odia a los políticos. ¿Acaso ninguno de ellos había oído hablar del libre mercado? Entren en Alibaba.com y encarguen diez millones de mascarillas a un grupo de fábricas chinas, pensé. O llamen a alguna de esas enormes empresas de logística cuyo negocio principal es disponer de productos como mascarillas en grandes cantidades y enviarlas a todo el mundo.

La incompetencia me volvió absolutamente loco. Aun así, no hice ninguna declaración pública, ni critiqué a ninguno de esos líderes. Para empezar, había estado en su pellejo y sabía que las situaciones de crisis, cuando las soluciones parecen evidentes desde fuera, son siempre mucho más complejas de lo que aparentan. Pero por encima de todo, yo tengo una norma: no te quejes de una situación a menos que estés listo para proponer una mejor solución. Si ves un problema y no ofreces una posible solución, no te quiero oír quejarte acerca de cuán desastrosa es. Si la situación no te motiva a encontrar una solución, entonces no es tan mala.

¿Y cuándo quejarse ha logrado que alguien esté más cerca de conseguir sus metas? Debes trabajar para convertir tu sueño en realidad, no quejarte hasta que se materialice. Además, los problemas y la adversidad son una parte normal del camino de todos nosotros. Cualquiera que sea tu visión, habrá dificultades. Tiempos complicados. Cosas jodidamente molestas. Tienes que aprender a sobrellevar esos momentos. Debes aprender a cambiar el foco y encontrar el aspecto positivo. Debes saber cómo resignificar el fracaso que sientes y comprender los riesgos que corres. Confrontar los problemas en lugar de quejarte de ellos te brinda la oportunidad de practicar todas estas habilidades.

En mi caso, dada la situación de escasez de mascarillas, me di cuenta de que cambiar el foco —pasar de quejarme frente a Lulu y Whiskey (mi burro y mi poni), mientras miraba las noticias en mi patio, a resolver el problema que esos estúpidos políticos habían creado— me daría la oportunidad de ejecutar mi visión para esta etapa de mi vida, que es ayudar a tantas personas como sea posible.

Llamé a mi jefe de gabinete. Su esposa trabajaba en una de esas empresas de logística que mencioné anteriormente. «Llámala», le pedí, «debe haber algo que podamos hacer para ayudar a estas personas».

Esa misma tarde conseguimos comunicarnos con alguien y ¿adivinas qué? La empresa de logística, *Flexport*, ya estaba trabajando con alguien que estaba intentando solucionar ese problema, como parte de una campaña de recaudación de fondos llamada *Frontline Responders Fund*. Habían invertido una cantidad de dinero, nos explicó el representante de *Flexport*, pero sería fantástico si los acompañáramos, ya que tenían acceso a millones de mascarillas y equipamiento EPI en China, que ya estaban reservados para Estados Unidos. La única pregunta era cuántos millones compraríamos.

Mi primer pensamiento fue: ¿cómo es posible que el presidente, el gobernador, nuestros senadores, o *ningún* senador sepa nada de esto? Uno pensaría que al menos querrían fingir que se están ocupando del asunto en lugar de mirarse el trasero. Pero me contuve. No había tiempo para quejas. No podía dejar que mi frustración por el fracaso del sistema se interpusiera a la hora de encontrar una solución al problema.

Mi siguiente pensamiento fue: ¿Cómo puedo conseguir un millón de dólares para estas personas lo más rápido posible? Y también: ¿En qué tiempo récord podemos hacerles llegar las mascarillas a los hospitales locales con los que había estado en contacto? *Flexport* dijo que estarían en territorio estadounidense en tres días, y que habría cajas de EPI destinadas a cada hospital. Llamé a mi equipo de inmediato y les ordené enviar ese mismo día un millón de dólares a la fundación *Frontline Responders Fund*. Al finalizar la semana, esas cajas repletas de cientos de miles de mascarillas estaban camino de los hospitales.

CAMBIA DE FOCO Y ENCUENTRA LO POSITIVO

Recientemente, los sociólogos realmente comprendieron por fin por qué respondemos con mayor intensidad a las cosas negativas que a las positivas. Hacemos clic en las noticias e imágenes negativas más que en las positivas. Dedicamos más energía en preocuparnos por los resultados negativos que en desear resultados positivos. Incluso contamos con más palabras para describir las emociones negativas que las positivas. Ese fenómeno tiene un nombre: se llama «sesgo negativo», y los sociólogos nos explican que probablemente se trate de un mecanismo de supervivencia. Probablemente, aquellos de nuestros ancestros que se preocupaban menos por las cosas que podían enfermarlos o matarlos y se centraban más en experiencias placenteras fueron radicalmente aniquilados, de modo que, durante los últimos seis millones de años de evolución humana, nos adaptamos para ser más sensibles a las influencias negativas que a las positivas. Tenemos muchos sesgos provenientes de nuestro pasado ancestral que ya no nos resultan tan útiles en la actualidad, y el sesgo negativo sin duda es uno de ellos.

Tiene mucho sentido si lo piensas bien, pero te seré sincero: yo no le encuentro ninguna utilidad en mi vida. Para mí, centrarse en toda esa negatividad es una pérdida de tiempo, porque yo no quiero simplemente sobrevivir, quiero prosperar; y quiero que tú también lo hagas. Por esa razón creo que todos debemos mejorar en aceptar nuestras circunstancias y cambiar nuestra perspectiva, para encontrar lo positivo en cualquier situación en la que nos encontremos.

Sé que esto es más difícil para unos que para otros. Soy muy afortunado; siempre he sido así, desde que tengo memoria. Todos mis amigos te dirán que uno de mis rasgos más característicos es mi capacidad de encontrar felicidad en todo lo que hago. Ser positivo hizo que mi vida sea mejor, así de simple. Sé que también puede mejorar tu vida. Demonios, incluso podría salvarla algún día. Si hablas con un buen oncólogo, te dirá que, si le presentas un paciente con una actitud positiva, posiblemente ese paciente tenga un pronóstico positivo. Sé que suena a cuento de hadas, pero lo que los oncólogos saben mejor que nadie es que, si te sientes impotente para influir en tus circunstancias, estás en lo cierto. Si crees que puedes vencer a las circunstancias —no simplemente sobrevivir a pesar de ellas, sino prosperar *a causa* de ellas— también estás en lo cierto.

Pienso mucho en lo diferente que habría sido mi vida si no hubiera sido una persona positiva, si hubiera respondido de otra manera a mis años de formación en Thal. No tuve un baño caliente ni carne en mi dieta hasta que me alisté en el ejército. Mi rutina diaria matutina incluía ir a buscar agua y cortar leña, algo durísimo en invierno que me hizo sentir cierto resentimiento hacia mi padre, que había sufrido cosas mucho peores de niño. No había nada gratis en casa de Gustav Schwarzenegger. Tampoco comida gratis. Tenía que hacer doscientas sentadillas cada mañana simplemente para «ganarme» el desayuno. Nada despierta más el apetito que rebotar como un tentetieso con el estómago vacío.

Las penurias de todo ese malestar y trabajo ingrato podrían haber quebrado mi espíritu o provocado que las imágenes de Estados Unidos que veía en las revistas parecieran inalcanzables. Podría haber aplastado mi instinto de mirar más allá del horizonte. Definitivamente, no recibía ningún incentivo en casa para mirar más allá de las colinas del sudeste austríaco. Me esperaba un buen trabajo en la policía al salir del ejército. Otros se sentirían muy afortunados, pensaba mi padre. Tampoco entendía o aprobaba mi interés por el fisicoculturismo. Creía que era un interés egoísta y mezquino. «¿Por qué no te dedicas a cortar leña?», decía. «Puedes ganar músculo y fortalecerte con eso y al menos habrás hecho algo por alguien». Y algunas veces llegaba a casa ebrio y nos pegaba. Aquellas noches eran muy duras.

Bien podría haberme permitido quedar atrapado en todo eso, pero elegí ver el lado positivo. Siempre he tomado esa decisión, la de reconocer que mi padre era un buen padre casi siempre y mi madre era la mejor. Que la vida no era emocionante ni particularmente cómoda, comparada con los estándares modernos, pero era una buena vida. Una vida donde aprendí mucho y encontré mi pasión, mi objetivo y a mis primeros mentores.

Incluso considerando las cosas malas, elegí recordar que en gran parte aquello me impulsó a escapar, a lograr mis objetivos, a transformarme en la persona que soy hoy en día. Si mi infancia hubiera sido algo mejor, quizás no tendrías este libro en las manos. Y si hubiera sido un poco peor, quizás tampoco, porque hubiera caído en el mismo pozo de alcoholismo que mi hermano, lo que finalmente le costó la vida por conducir bebido en 1971.

Le debo mucho a mi educación. Nací para ella y me forjé gracias a ella. No sería quien soy hoy en día si no hubiera vivido cada una de aquellas experiencias. Los estoicos tienen un término para esto: *amor fati*. Amor por el destino. «No pretendas que las cosas sucedan como tú deseas», dijo el gran filósofo estoico y antiguo esclavo Epicteto. «Más bien, deséalas tal como son. Entonces serás feliz».

Nietzsche también habla de esto. Dice: «La fórmula para que el ser humano alcance la grandeza es el *amor fati*; no desear que las cosas sean distintas, ni hacia adelante, ni hacia atrás, ni en toda la eternidad. No soportar lo necesario… sino amarlo».

Llegar a este lugar conlleva trabajo. No es intuitivo mirar de frente la adversidad o lo desagradable, y pensar: «Sí, esto es lo que necesitaba. Esto es lo que *deseaba*. Me encanta esto». Es irónico, pero nuestra inclinación natural a la negatividad nos atrae hacia todo lo negativo que sucede en el mundo, y, al mismo tiempo, nos hace querer escapar, negar, mirar hacia otro lado cuando la dificultad llama a nuestra puerta. Y si eso no funciona, entonces simplemente nos quejamos. Nos sucede a todos. Todos somos culpables de ello, continuamente, tanto con las cosas importantes como con los detalles.

Cada vez que me encuentro en una situación desagradable y siento crecer el impulso de maldecir y quejarme, me detengo, respiro hondo y me digo que es momento de cambiar el foco. Me hablo a mí mismo en voz alta y recuerdo buscar lo positivo de la situación.

En marzo de 2018 me enfrenté a una de las situaciones más complicadas posibles: me encontré en la unidad postoperatoria de cuidados intensivos, después de lo que se suponía sería un procedimiento de sustitución de válvula «mínimamente invasivo», que se convirtió en una operación completa a corazón abierto. En algún momento durante la operación, el cirujano, por accidente, me atravesó la pared del corazón, de modo que tuvieron que abrirme el pecho de inmediato y reparar el daño mientras reparaban la válvula de manera convencional.

Si todo hubiera sido normal, habría salido del hospital en un par de días y seguido mi vida como si nada hubiera sucedido. Esa fue la razón por la que decidí someterme al procedimiento cuando lo hice. Unas semanas antes me había reunido con un hombre de noventa años que había pasado por el mismo procedimiento tan solo algunos días antes y parecía recién salido de un *spa*. Sería el momento perfecto, pensé. Sabía que necesitaba reemplazar la válvula, que tiene una vida útil de entre diez y doce años. Me la habían colocado por primera vez en 1997, cuando me sometí a mi primera operación cardíaca para arreglar lo que se denomina una válvula aórtica bicúspide, que es una clase de cardiopatía congénita que puede ser asintomática para algunas personas durante toda la vida, pero puede ser fatal para otras, como lo sería para mi madre al año siguiente. Yo antes había pospuesto la cirugía de reemplazo porque estaba ocupado y porque había oído que la cirugía de corazón seguía siendo traicionera. Ahora me decían que era casi una cirugía artroscópica, que era exactamente lo que yo necesitaba, porque en unos meses debía viajar a Budapest para comenzar a rodar *Terminator: destino oscuro*. El plan era salir del quirófano, descansar una semana y luego volver al gimnasio para prepararme para el rodaje.

Entonces desperté. El doctor estaba mirándome y yo tenía un tubo de respiración que bajaba por mi garganta.

—Lo siento, Arnold —dijo el doctor—, hubo complicaciones. Tuvimos que abrirte.

Mientras el doctor explicaba la situación, los pensamientos y las emociones daban vueltas en mi cabeza. Estaba aterrado porque casi me habían matado. Estaba furioso porque esto sería un gran problema para la producción. Me sentía frustrado porque recordaba lo que me había costado volver a estar al cien por cien tras mi primera operación a corazón abierto, y en aquel entonces era veintiún años más joven. También me sentí algo deprimido cuando los doctores me informaron que estaría en el hospital durante al menos una semana, y que no podría levantar ninguna clase de peso durante al menos un mes, una vez me dieran el alta. Lo que no sucedería hasta que pudiera respirar profundamente sin forzar demasiado los pulmones, caminar sin ayuda y defecar —o como yo lo llamaba «cantar victoria»— sin recibir ayuda dentro y fuera del baño.

Permití la presencia de todas esas emociones durante un momento en la mente, pero luego, cuando los doctores finalmente se retiraron me dije: «Muy bien, Arnold, esto no es lo que hubieras preferido, pero estás vivo. Centrémonos en esto. Tienes una meta, salir de este lugar. Y una misión, hacer todos los ejercicios y lograr los resultados que te darán el alta. Es hora de ponerse a trabajar».

Presioné el botón de llamada junto a mi cama. Vino una enfermera y le pedí que borrara una parte de la pizarra que colgaba al otro lado de la habitación, y escribiera y subrayara las palabras «Respirar» y «Caminar» arriba de todo. Cada vez que completaba una serie de ejercicios respiratorios, o caminaba unos pasos y alcanzaba mi destino —el final del pasillo, después rodear la oficina de las enfermeras y caminar hacia los ascensores , le pedía que agregara una marca en la pizarra. Encararía la situación como lo hacía con mi antiguo entrenamiento en Graz y con el proceso de preparación para películas y discursos. Este sistema funcionaba. Sabía cómo hacerlo. Además, me ayudaba a seguir mi progreso de manera visual, lo que aumentaba mi confianza y me motivaba. También significaba que no tenía que pensar en ello, de modo que podía utilizar toda la energía mental para ignorar la quemazón que sentía en los pulmones cuando inhalaba y exhalaba en el respirador, que parecía una mezcla entre un tubo de ensayo y un juguete para gatos. No tener que adivinar si estaba progresando o no me permitió centrarme en activar los músculos de las piernas, los brazos y la espalda, mientras recorría los pasillos del hospital, primero con un andador, luego con un bastón y finalmente solo sujetando el soporte del suero, del que colgaba la bolsa conectada al tubo de drenaje que me sobresalía del pecho.

«Canté victoria» un día antes de lo esperado, y ya estaba en casa tras pasar seis días completos en la unidad de cuidados intensivos. Un mes después de la cirugía —quizás uno o dos días antes, para ser honesto— estaba en el gimnasio de mi casa, el soporte para suero a mi lado y el tubo de drenaje, que aún sobresalía de mi pecho, colgado sobre la barra de la máquina de dorsales, mientras hacía una serie de repeticiones sin peso para activar los músculos. Al mes siguiente, ya estaba agregando peso a cada movimiento, diez kilos, luego veinte, luego cuarenta, y así sucesivamente. Un mes después, estaba en un vuelo con destino a Budapest para comenzar a rodar justo a tiempo.

No cuento esta historia con demasiada frecuencia, pero cuando lo hago, muchas personas me preguntan si demandé a los doctores por casi matarme en el quirófano. Esto siempre me sorprende, porque esa idea nunca me pasó por la cabeza. Los errores suceden. De hecho, yo sabía de antemano que eso podía ocurrir en esta clase de procedimientos. El actor Bill Paxton murió a causa de complicaciones durante una operación similar de sustitución de válvula en el mismo hospital, el año anterior. Por esa razón les advertí a los administradores del hospital que no me operaría allí, a menos que el equipo de cirugía a corazón abierto estuviera presente en el quirófano durante mi operación. Más allá de eso, y más allá de haberme preparado para esa posibilidad, esos doctores son humanos. Lo hicieron lo mejor que pudieron. ¡Y no debemos olvidar que me salvaron la vida! ¿Cuál sería el objetivo de demandarlos? No cambia lo sucedido. ¿Quién se beneficiaría, además de los abogados? ¿Qué aspectos positivos podíamos llevarnos de esa experiencia si hubiera terminado con una demanda?

El famoso psicólogo austríaco y sobreviviente del Holocausto Victor Frankl dijo: «No puedes controlar lo que sucede en tu vida, pero siempre puedes controlar lo que sentirás y harás con lo que te sucede». Te pregunto lo siguiente: ¿cuántas horas al día desperdicias todas las semanas, quejándote de cosas que sucedieron y que están fuera de tu control? ¿Cuánto tiempo empleas preocupándote por cosas que podrían suceder y que no puedes predecir o impedir? ¿Cuántos minutos al día empleas leyendo artículos o publicaciones en las redes sociales, que te enfurecen y nada tienen que ver con tu vida? ¿Cuántas veces te has enfadado mientras conduces y llevas esa carga negativa contigo a la oficina, al aula, o a tu hogar? Acabamos de mencionar cuán atareada es tu vida diaria y cómo necesitas proteger esas pocas horas preciadas que tienes cada semana, para hacer el trabajo necesario para alcanzar tu visión. Al ceder ante la negatividad, estás permitiendo que estos sucesos te roben tiempo de ti mismo, de tus sueños y de aquellos que te rodean y a quienes tienes que liderar, ya sea tu familia, tu equipo deportivo, tu equipo de proyectos de trabajo, tu unidad, lo que sea.

¡Pero puedes recuperar ese tiempo! Puedes darle un nuevo propósito. Puedes convertirlo en productivo. Puedes convertir una situación negativa en una experiencia positiva. Todo comienza por hacer una pausa cada vez que comienzas a quejarte, y luego proponerte cambiar el foco y buscar lo positivo. Si puedes escoger la alegría sobre la envidia, la felicidad sobre el odio, el amor sobre el resentimiento, lo positivo sobre lo negativo, entonces tienes las herramientas para ver lo mejor de cada situación, incluso aquella que se siente como un fracaso.

REENFOCA EL FRACASO

La gente me dice continuamente: «Arnold, no logré el objetivo, ¿qué debería hacer?». O: «Arnold, invité a salir a la chica de la que estoy enamorado y me dijo que no». O: «No logré conseguir el ascenso que quería, ¿qué hago ahora?».

Mi respuesta para ellos es simple: aprende de tus errores y luego di: «Volveré».

En general, ese es el único consejo que necesitan. Solo están un poco asustados, o quizás un poco desesperados, y solo necesitan algo de motivación para volver a intentarlo. Pero también están aquellos que quieren quejarse de que la vida es injusta, porque eso que deseaban tanto no sucedió exactamente cuando lo querían, y duele demasiado pensar en la posibilidad de que tal vez no trabajaron lo suficiente para alcanzar el resultado deseado.

No los juzgo; estuve en su misma posición. Cuando perdí frente a Frank Zane en 1968, me sentí abatido e inconsolable. Lloré en mi habitación de hotel durante toda la noche. Sentía como si el mundo se hubiera desmoronado. Incluso me pregunté qué estaba haciendo allí, en Estados Unidos. Estaba lejos de mis padres, lejos de mis amigos, no hablaba el idioma, no conocía a nadie en Miami. Estaba completamente solo. ¿Y todo para qué? ¿Para un segundo puesto frente a un hombre más pequeño que yo?

Culpé a todos y a todo por mi fracaso. La calificación había sido injusta. Los jueces se habían inclinado en favor de Frank porque era estadounidense. Haber viajado desde Londres y haber comido comida basura en el aeropuerto los días anteriores habían afectado negativamente mi cuerpo y mi entrenamiento. Haber perdido me resultó tan doloroso que no podía mirarme al espejo y admitir que quizás no había hecho lo suficiente para ganar, que era culpa mía.

En el desayuno de la mañana siguiente, Joe Weider me invitó a viajar a Los Ángeles. Solo después de haber entrenado con los chicos en *Gold's* durante las siguientes semanas fui capaz de ver la diferencia entre Frank y yo, y admitir que él había ganado con total justicia. Mi cuerpo simplemente no estaba tan bien definido. Eso era cierto no solo en comparación con Frank, sino con casi todos los estadounidenses con los que estaba entrenando. Yo tenía un tamaño mayor y mejor simetría, pero ellos estaban haciendo algo que yo no hacía y que les permitía estar más esculpidos. Si quería ser el mejor, debía descubrir de qué se trataba todo eso y comenzar a hacerlo. De modo que, una vez que me instalé en mi apartamento nuevo en Santa Mónica, invité a Frank para que se quedara conmigo, pudiéramos entrenar juntos y me enseñara algunas cosas. Debo decir en su favor que aceptó mi invitación. Se quedó conmigo durante un mes, entrenamos juntos en *Gold's* todos los días, me enseñó los ejercicios que él hacía para estar completamente definido, y luego nunca más me volvió a derrotar.

Seré muy claro acerca de algo. Y esto es para cualquiera que haya sufrido un fracaso, es decir, todos nosotros: el fracaso no es fatal. Lo sé, lo sé, suena como un cliché. Pero todos los discursos positivos sobre el fracaso ya se han convertido en cliché, porque todos sabemos que es la verdad. Cualquiera que haya logrado algo que lo enorgullezca, que la sociedad admire, te dirá que aprendió más de sus fracasos que de sus éxitos. Te dirá que el fracaso no es el final del camino. Y tiene razón.

En todo caso, si lo miras con la perspectiva correcta, el fracaso en realidad es el comienzo de un éxito medible, porque el fracaso solo es posible si has intentado lograr algo difícil y valioso. No puedes fallar si no intentas. En ese sentido, el fracaso es una especie de evaluación continua en tu camino hacia lograr tu objetivo. Te enseña cuánto has avanzado y te recuerda cuánto camino todavía debes recorrer y en qué tienes que trabajar para llegar allí. Es una oportunidad de aprender de tus errores, de mejorar tu enfoque y de regresar en mejor forma que nunca.

Al igual que con muchas otras cosas, aprendí esto de joven por primera vez en el gimnasio, entrenando para competiciones de levantamiento de pesas. La belleza de este deporte es que el fracaso está incorporado en la práctica misma. El gran objetivo del levantamiento de pesas es llevar a los músculos al fracaso, lo que algunas veces olvidamos. Cuando no puedes lograr la última repetición o no consigues bloquear los codos antes de dejar caer el peso, es común sentir una ráfaga de frustración, pero debes recordar que el fracaso de ese ejercicio en particular no significa que hayas perdido. En realidad, significa que tu entrenamiento fue bueno, que tus músculos terminaron completamente fatigados. Significa que hiciste el trabajo necesario.

En el gimnasio, el fracaso no equivale a una derrota, sino al éxito. Es una de las razones por las que siempre me sentí cómodo desafiando los límites en todo lo que hago. Si el fracaso es una parte positiva de lo que haces, resulta mucho menos aterrador buscar los límites de tus capacidades —ya sea hablar inglés, actuar en grandes películas o abordar grandes problemáticas sociales—, y, una vez encontrados esos límites, superarlos. Sin embargo, la única forma de lograrlo es probarte constantemente a ti mismo de tal manera que te arriesgues a enfrentar fracasos repetidos.

Así están diseñadas las competiciones de levantamiento de pesas. En una competición tradicional, tienes tres intentos. El primero es seguro y garantizado. Es un peso que ya levantaste antes y con el que te sientes cómodo. El objetivo es que te pongas en posición, te liberes de los nervios y te asegures de hacer un buen levantamiento. El segundo ya representa un poco más de esfuerzo: levantas un peso que iguala, o se acerca, a tu marca personal, y tiene el objetivo de presionar a tus oponentes. Quizás no logres la victoria, pero por lo menos puedes retirarte sabiendo que alcanzaste tu anterior marca. En el tercer intento, intentas levantar un peso que nunca levantaste antes. Se trata de abrirte nuevos caminos, para ti como levantador de pesas y para el deporte en sí mismo. En este último intento se baten los récords y se determinan las victorias. También es donde por lo general suceden los fracasos. Como levantador de pesas, fallé en diez intentos finales diferentes de fuerza en banco de doscientos veintiséis kilogramos, cuando en aquel entonces nadie levantaba ese peso. Una vez que lo logré, alcanzar esa marca se volvió más fácil y me condujo a finalmente poder levantar doscientos treinta y ocho kilogramos.

Ese tercer levantamiento es un microcosmos para lograr tus sueños en el mundo real. Será difícil y resultará poco familiar. Los demás te estarán observando y juzgando, y el fracaso es una posibilidad real. El fracaso es inevitable en muchos sentidos. Pero, cuando se trata de lograr tu visión, no debes preocuparte por fracasar, sino por no rendirte. El fracaso nunca termina con un sueño; en cambio, rendirse termina con todos los sueños. Nadie que haya logrado un récord mundial, emprendido un negocio de éxito, alcanzado una puntuación alta en un videojuego o hecho algo difícil que le importa, es alguien que se rinde. Llegó a ese punto gracias a numerosos fracasos. Alcanzó la cúspide de su profesión, inventó productos que cambiaron el mundo y logró cumplir su visión más irracional porque perseveró a pesar del fracaso, y tomó en cuenta las lecciones que el fracaso nos enseña.

Tomemos de ejemplo a alguien como el químico que inventó el lubricante WD-40. El nombre completo del WD-40 es «*Water Displacement, 40th Formula*». El químico la llamó de esa manera porque las treinta y nueve versiones anteriores habían fallado. Aprendió de cada uno de esos fracasos y lo logró en el intento número cuarenta.

Thomas Edison es famoso por haber aprendido de sus fracasos. Incluso se negaba a llamarlos así. En la década de 1890, por ejemplo, Edison y su equipo estaban intentando desarrollar una batería de níquel-hierro. Durante el transcurso de seis meses crearon más de nueve mil prototipos fallidos. Cuando uno de sus asistentes comentó que era una pena que no hubieran podido llegar a ningún resultado prometedor, Edison le respondió: «¡Pero tenemos muchos resultados! Ahora sé miles de cosas que no funcionan». Así miraba Edison el mundo, como científico, inventor y hombre de negocios. Fue esa clase de mentalidad positiva, ese brillante reenfoque del fracaso, lo que llevó a Edison a inventar la bombilla eléctrica apenas una década antes y a obtener mil otras patentes antes de su fallecimiento.

Mientras piensas en eso que quieres lograr, o en el impacto que quieres dejar en el mundo, recuerda que tu trabajo no se trata de evitar el fracaso, ni de buscarlo intencionalmente. Tu trabajo es esforzarte al máximo en busca de tu visión —la tuya y la de nadie más— y aceptar el fracaso, que afrontarás de manera inevitable. Tal como aquellas últimas repeticiones en el gimnasio son una señal de que te encuentras un paso más cerca de tu meta, el fracaso es una señal de en qué dirección deberías dar el próximo paso. O, como diría Edison, en qué dirección no deberías ir. Es por ello que vale la pena arriesgarse y aceptar el fracaso: te enseña lo que no funciona y te indica hacia dónde ir.

Personalmente, atribuyo varios de mis éxitos como gobernador, mi reelección incluida, a haber aprendido del fracaso del referéndum especial de 2005, y haber utilizado aquellas lecciones como guía para saber qué hacer a continuación. Los votantes me advirtieron que llevarles mis desacuerdos con la cámara legislativa a sus hogares había sido un gran error. Me dijeron que hablarles como un tecnócrata o un experto en políticas públicas, en lugar de hablar como una persona normal o el hombre no político que habían elegido, no funcionaría con ellos. Si quería lograr algo, me decían los californianos, entonces definitivamente no debía volver a cometer esos errores. Con sus votos me pedían explicaciones en un idioma sencillo y señalaban a mis adversarios, indicándome que la solución a mi problema se encontraba allí.

De modo que los escuché. Después del referéndum, invité a mi avión a los líderes de ambos partidos, de ambas cámaras legislativas, y volamos a Washington D.C. para reunirnos con la delegación completa del congreso de California y debatir acerca de las mejores formas de servir a nuestros representados. Durante cinco horas, a la ida y a la vuelta, nos sentamos en ese espacio reducido, a cuarenta mil pies por encima de Estados Unidos, y hablamos, no como adversarios políticos, sino como funcionarios públicos que tenían una causa en común: ayudar a que los residentes de California tuvieran vidas más felices, prósperas y saludables. Cuando regresamos a casa unos días más tarde, ya contábamos con unos bosquejos generales sobre un conjunto de iniciativas bipartitas.

Si hubiera ignorado las lecciones de 2005, si hubiera escogido quejarme sobre el resultado de ese referéndum, si hubiera denigrado a mis adversarios en lugar de desafiar la convención política y asumir la responsabilidad de mis fallos en políticas a implementar, hubiera tenido muy pocas posibilidades de cumplir con mis propuestas, y de ninguna manera hubiera logrado la reelección un año más tarde. No es exagerado decir que estos éxitos, que tuve la fortuna de disfrutar, fueron el resultado directo de haber aprendido del fracaso.

ROMPE LAS REGLAS

En 1972, el comediante George Carlin lanzó un álbum de comedia llamado *Class Clown*, que incluía un *sketch* que se convertiría en el más famoso de todos los tiempos. «Siete palabras que nunca debes decir en televisión» es un extenso monólogo sobre las siete palabras prohibidas que nunca debes mencionar durante un programa en Estados Unidos.

En el hogar Schwarzenegger tenemos nuestras propias siete palabras prohibidas: «Así se han hecho siempre las cosas». Cuando escucho esas palabras, me enfurezco. Me molesta cuando las personas las emplean para justificar su negativa a afrontar cosas nuevas que no comprenden. Pero lo que en verdad me enfada es cuando las personas que finalmente están haciendo cosas nuevas aceptan el *statu quo* que dictan esas siete palabras y se rinden. Eso me hace querer actuar como John Matrix en la escena del cobertizo.

Cuando estás detrás de una gran visión, debes aceptar que afrontarás resistencia. Las personas que no tienen visión se ven amenazadas por aquellas que la tienen. Su instinto las invita a levantar las manos y decir: «¡No! Espera un minuto, bajemos el ritmo». No piensan que no lo lograrás, como el típico detractor, sino que piensan que no deberías hacerlo, para empezar. Las ideas nuevas les dan miedo. Los proyectos grandes son intimidantes. Se sienten incómodas cuando están rodeadas de personas que quieren romper el molde y causar revuelo. Por alguna razón, se sienten mucho más a gusto junto a personas que aceptan sin cuestionarlo que las cosas siempre se han hecho de una manera.

Por supuesto, yo no soy una de esas personas. Me atrevo a decir que tú tampoco. Toda mi vida me dediqué a hacer las cosas de manera distinta a como siempre han sido. Como fisicoculturista, hacía dos entrenamientos completos por día, a diferencia de todos los demás. Como actor, no acepté papeles secundarios en programas televisivos o películas, como me decían los productores que debía hacer; solo perseguí papeles principales. Como político, no me postulé para el ayuntamiento, para ser alcalde o senador estatal, como me decían los líderes del partido y otros poderosos que debía hacer; directamente me postulé para gobernador. Desde un principio mi visión fue ser el mejor fisicoculturista, luego la estrella más grande, y luego ayudar a la mayor cantidad de personas. No *algún día*, no en algún momento, sino tan pronto como pudiera. En mi plan no había espacio para esperar mi turno, ni subir una escalera invisible, ni ganarme el permiso de nadie.

Eso no fue muy bien recibido por personas influyentes, supervisores o defensores del *statu quo* que me encontré en cada etapa de mi vida. Lo único que les irritaba más que mi voluntad de causar revuelo era el hecho de que yo no escuchaba sus quejas, y no me importaba que a ellos los irritara.

Esta situación se dio de manera mucho más evidente que nunca durante mi mandato como gobernador. Rompí muchas reglas mientras estaba en Sacramento, y nadie se molestó más que mi propio partido. Cuando contraté a Susan Kennedy, una demócrata, como mi jefa de gabinete, actuaron como si acabara de soltar al zorro en el gallinero. Un legislador republicano se preocupó tanto que entró en mi despacho, se sentó en el sillón junto a mi silla, echó un vistazo a su alrededor de manera conspirativa como una especie de villano de cómic y luego me susurró al oído que ella era lesbiana, en caso de que no me hubiera dado cuenta. Como una advertencia. Yo ya sabía eso, por supuesto, pero ¿qué importaba?

—Pero ¡¿sabes que quemó su sujetador?! —exclamó, visiblemente desesperado para que cambiara de opinión.

—¿Y qué? —respondí—. Yo no lo necesitaba.

Y eso no fue nada en comparación con la reacción de los republicanos más intransigentes, cuando la mitad de mis nombramientos judiciales fueron para los demócratas. Uno podría haber pensado que yo había profanado la tumba de Abraham Lincoln y maldecido el nombre de Ronald Reagan. Designar jueces es una de esas áreas de la política en la que la mayoría de los políticos, ya sean gobernadores o el presidente, escogen, casi sin excepción, a jueces de su propio partido. Le advertí a mi equipo que no haríamos lo mismo. Pedí que enviaran a los mejores candidatos posibles y retiraran su afiliación política de los informes. ¿Por qué? Porque les había prometido a los votantes que sería una clase distinta de funcionario público, no el típico político, y eso significaba elegir a los mejores para el trabajo. El resultado fue mitad demócratas, mitad republicanos. Me pareció bastante justo y representativo.

Conté esta historia en el año 2012 en el discurso de inauguración del instituto USC Schwarzenegger, un *think tank* dedicado al bipartidismo y a priorizar a las personas sobre la política, cuya misión principal es básicamente ignorar el *statu quo* y romper las reglas. Describí a la audiencia cómo algunos políticos fanáticos del partido en Sacramento no podían comprender mi forma de pensar, y aun menos tolerar que los estuviera ignorando. Luego expliqué que, si había algo que había aprendido de hacer campañas y gobernar, era que hacer las cosas a la antigua ya no funcionaba. La manera en que las cosas siempre se habían hecho... ya no conducía a ninguna parte. El *statu quo* ya no le servía al pueblo (por eso me habían elegido) y, como mi misión era servir a *todos* de la mejor manera, rompí con gran satisfacción las reglas que se interponían en mi visión del progreso y el cambio para una California mejor.

Eso no hizo que mi trabajo fuera más fácil hablando en términos políticos, pero mi objetivo después del referéndum era dejar de preocuparme por el *statu quo* e ignorar a quienes estaban obsesionados con cómo se habían hecho siempre las cosas. En su lugar, me centré en construir relaciones de trabajo —en Sacramento y Washington y alrededor del mundo, en algunos casos— con aquellos que estaban tan hartos como yo de las viejas reglas y estaban más interesados en lograr que se hicieran las cosas. A los demás, les dije: «acompáñenme o lárguense de aquí, y si no escogen ninguna de las dos opciones, prepárense para ser ignorados».

¿Acaso es un riesgo optar por esa clase de enfoque para alcanzar completamente tu visión? Es posible. Pero estamos hablando de tu vida y de tus sueños, no de los sueños de los demás. Creo que vale la pena arriesgarse, para hacer lo que necesitas hacer para convertir tus sueños en realidad, y crear la vida que deseas para ti.

EL RIESGO ES RELATIVO

Si eres una persona que le teme al riesgo —y créeme que lo entiendo— quizás te ayude redefinirlo como lo hemos hecho con el fracaso. En mi opinión, el riesgo no es real. No es algo a lo que puedas aferrarte o con lo que puedas contar. No hay dos personas que lo definan de la misma manera. Es un blanco móvil. Un invento. Una percepción.

El riesgo es solo el nombre que le damos a la conclusión a la que cada uno llega de manera independiente, cuando evaluamos una decisión en función de sus posibilidades de éxito comparadas con las de su fracaso. Si crees que algo no tiene grandes posibilidades de éxito, y que las consecuencias del fracaso son demasiado negativas, entonces probablemente concluyas que esa elección es bastante arriesgada. Si lo opuesto es cierto —si el éxito es probable y el fracaso no resultará demasiado costoso—, entonces la decisión quizás no sea tan arriesgada después de todo. Excepto que nada es tan simple, porque también hay que considerar los beneficios del éxito. Si los beneficios no son suficientes, algunas veces ni siquiera vale la pena correr el riesgo, por muy pequeño que sea. Pero si son muy atractivos, como sucede a menudo con nuestros sueños, entonces incluso algo que sabes que técnicamente es muy arriesgado puede valer la pena. La realidad es que, cuando deseas algo con muchas ansias y significa mucho para ti, en algún momento debes estar dispuesto a alcanzar tu premio sin que ya no te importe el riesgo. Debes aceptar que algunas veces el cliché es real: cuanto mayor sea el riesgo, mayor será la recompensa.

Fijémonos en alguien como el escalador Alex Honnold. Cuando emprendió el primer ascenso en solitario de la historia de El Capitán en el parque nacional Yosemite en 2017, muchos pensaron que estaba completamente loco. Creyeron que tenía deseos de morir. Pero entonces, después de que se estrenara el documental sobre su escalada un año más tarde y ganara el Óscar, se hiciera famoso y lograra un gran número de patrocinadores, de pronto ya no se escuchaban tantos comentarios acerca de lo loco que estaba. Antes de la fama y el dinero, era un temerario con un tornillo suelto. Tras la fama y el dinero, era un escalador sensato y experimentado. Un profesional trabajador que viajaba por el mundo y a quien le pagaban por estar en la naturaleza. Ya no era una mala influencia, ¡era una inspiración!

Por supuesto, así no es como lo veía Honnold, sino como lo veían *los demás*. Después de ver los documentales y leer sus entrevistas, las percepciones de sus posibilidades de éxito cambiaron de manera drástica, y las opiniones sobre las consecuencias de su fracaso (acabar herido o morir) quedaron silenciadas por el lado positivo del éxito. Él era el mismo hombre que había sido antes de que cualquiera de nosotros hubiera oído su nombre; lo único que había cambiado era cuánto sabíamos acerca de él.

Lo irónico es que, mientras nuestra percepción del riesgo que corría al escalar había disminuido, es probable que la suya hubiera aumentado. No porque la posibilidad de escalar con éxito se hubiera reducido (de hecho, aumenta con la experiencia), sino porque las consecuencias negativas del fracaso habían aumentado para él. Más allá de una simple herida o la muerte, que siempre estaban presentes durante sus escaladas en solitario, ahora tenía una esposa y una hija que lo amaban y una fundación que dependía de él. Ahora tenía más que perder.

Para mí, esa siempre es la pregunta clave cuando se trata de correr riesgos: ¿qué tienes que perder? La razón por la cual mi tolerancia al riesgo siempre ha sido muy alta y, por lo tanto, siempre he hecho tantas cosas que los demás creían imposibles o descabelladas, reside en que, durante la mayor parte de mi vida no tenía mucho que perder. Y, a medida que fui envejeciendo y teniendo más éxito y comencé a hacer cosas nuevas, supe cómo minimizar las consecuencias negativas en caso de fracasar.

Cuando piensas en cómo fue mi educación, ¿qué tenía que perder pasando todas esas horas en el gimnasio de Graz trabajando en mi cuerpo, y luego mudarme a Múnich para trabajar con un desconocido en su gimnasio antes de finalmente llegar a Estados Unidos?

¿Qué tenía que perder cuando decidí actuar? Si era un inepto y nadie quería darme otra oportunidad, seguiría siendo el ganador de siete Mr. Olympia. Seguiría teniendo a Joe Weider apoyándome y seguiría teniendo mis folletos sobre entrenamientos para vender y mi apartamento para darme cobijo.

¿Qué tenía que perder cuando decidí entrar en política? Si perdía la elección revocatoria, incluso si mi desempeño en el debate era desastroso y me humillaba a mí mismo, seguiría siendo una estrella de cine con muchas aficiones. Seguiría siendo rico y famoso, y aún tendría la capacidad monetaria y la influencia para contribuir en causas que realmente me importaban, como las Olimpíadas Paralímpicas y el programa educativo *After-School All-Stars*.

Quizás se podría argumentar que estaba en juego mi reputación, si cualquiera de esas metas que perseguí hubieran salido terriblemente mal. Pero eso implica asumir que me importaba lo que cualquiera pensara sobre las metas que quería lograr en mi vida. Asumir que quería o necesitaba la aprobación de un grupo de personas para perseguir mis sueños. La única aprobación que alguna vez busqué fue la de los jurados en las competiciones de fisicoculturismo, la de la audiencia en la taquilla y la de los votantes en las urnas. Y, si no la conseguía, si perdía o fallaba, no me quejaba; sino que la utilizaba como una experiencia de aprendizaje. Regresaba al gimnasio, a las escenas del guion o a los informes políticos, y trabajaba para mejorar y volver más fuerte la próxima vez.

¿Dónde está el riesgo ahí? Lo peor que puede suceder cuando trabajas para superar la adversidad en lugar de renunciar, es que falles una vez más y aprendas qué es lo que no está funcionando. Eso simplemente te obliga a cambiar el foco, lo que a su vez te ubica un paso más cerca de tu objetivo, porque ahora posiblemente estés caminando en la dirección correcta.

Realmente, ¿qué tienes que perder?

6

Cierra la boca, abre la mente

El primer adulto que me tomó en serio y apoyó mi sueño cuando le conté sobre mi visión de convertirme en campeón del fisicoculturismo fue un hombre llamado Fredi Gerstl. Fredi era el padre de mi amigo Karl, con quien entrenaba en el gimnasio en Graz de adolescente. La historia de Fredi es asombrosa. Era judío, pero fingió ser católico durante la Segunda Guerra Mundial para huir de los nazis, y luego se unió a la Resistencia para ayudar a derrotarlos. Después de la guerra, regresó a Graz y mostró interés por los negocios y la política local y especialmente por la juventud. Junto a su esposa abrió algunos quioscos de cigarros y revistas, llamados *tabakladen*, en ubicaciones privilegiadas como la estación de tren y la plaza principal. Estaban en lugares perfectos para que él pudiera mantenerse informado sobre la vida de Graz y sus alrededores, lo cual ayudaría a impulsar su carrera política hasta lograr la presidencia de la cámara alta del Parlamento de Austria. Conocí a Fredi a principios de la década de 1960, cuando organizó un grupo de jóvenes para entrenar y hacer actividades al aire libre, lo que nos enseñó a ser fuertes y autosuficientes, pero también nos unió como a gladiadores romanos acampados junto al campo, preparándonos para la batalla. Fue muy divertido, pero también tenía una pequeña trampa. Tal como Fredi le contó a un periodista de *Los Angeles Times* durante mi campaña para gobernador en 2003: «Reuní a los jóvenes por deporte, pero la condición era que debían escuchar».

¿Escuchar qué? Lo que sea que a Fredi le interesara y creyera que fuera importante para nosotros, que eran muchas cosas. No nos enseñaba como un maestro. No había exámenes al final de la semana. Simplemente plantaba semillas. «Quizás no lo comprendáis ahora mismo», decía sobre alguna idea que ninguno de nosotros había logrado entender, «pero algún día lo haréis y estaréis agradecidos». Yo no conocía el término en ese momento, pero Fredi era un hombre del Renacimiento. Amaba los deportes, los perros, la ópera, la filosofía y la historia, además de interesarse por la política y por innumerables otras cosas, tal como descubrí durante nuestra amistad de cincuenta años. Pero fue su interés por aprender y su mente abierta hacia nuevas cosas —que creo son las características distintivas de este hombre del Renacimiento— lo que tuvo mayor impacto en mi vida, y estoy seguro de que también en la vida de los demás jóvenes.

Fredi se convirtió en una figura paterna para nosotros, de una manera que nuestros propios padres no eran capaces de serlo, porque él tenía una visión particular que nuestros padres no tenían. En mi caso, debido a que mi tamaño era significativamente más grande que el de los otros chicos de mi edad, Fredi veía que ser un fisicoculturista profesional tenía el potencial de abrirme puertas, mientras que mi padre creía que mis futuros jefes me cerrarían las puertas de golpe, ya que el fisicoculturismo no era algo serio. Fredi era más joven que todos nuestros padres y había estado en el lado correcto de la guerra, lo que creo que facilitaba que mantuviera la mente abierta a medida que envejecía, porque no estaba consumido por la culpa o la vergüenza que inundaban a muchos de nuestros padres. Cuando luchaste por algo en lo que crees y triunfaste —cuando literalmente ayudaste a salvar el mundo—, imagino que es más fácil ver la alegría y las posibilidades de cosas nuevas y hermosas.

Desde un principio, Fredi nos dijo que entrenar la mente era tan importante como entrenar el cuerpo. Nos enseñó que no podemos desear solamente el éxito, el dinero, la fama y los músculos. También debemos tener hambre de conocimiento. Estar en forma y tener un físico fuerte y musculoso te ayudará a vivir una vida saludable; te ayudará con las chicas; te ayudará a trabajar duramente para cuidar a tu familia, y para mí era necesario para convertirme en campeón de fisicoculturismo. Pero si deseábamos tener éxito en *cualquier* cosa que escogiéramos, en cualquier momento de nuestras vidas, en la juventud o en la vejez, y si queríamos maximizar nuestro potencial y nuestras oportunidades, debíamos tener la mente activa y la cabeza bien puesta sobre los hombros.

Fredi nos hizo ver que el mundo era el aula por excelencia, y que debíamos ser como una esponja y absorber tanto como pudiéramos. Nos hizo comprender que la forma de convertirnos en esa clase de esponja que absorbe solo el conocimiento más útil era mantenernos siempre curiosos. Escuchar y observar más que hablar. Y, cuando habláramos, era mejor hacer buenas preguntas que comentarios inteligentes. Y debíamos tener en cuenta que toda la información que absorbíamos, fuera cual fuera la fuente, podía utilizarse en cualquier momento, podía servir para cualquier número de oportunidades, problemas o desafíos, quizás al día siguiente, quizás en veinte años. No había forma de saberlo con certeza. Pero de lo que sí podíamos estar seguros era de que el conocimiento es poder, y que la información te vuelve útil.

EL MUNDO PUEDE SER TU AULA

Como padre, hombre de negocios y funcionario público, nada me saca más de mis casillas que el sistema de Estados Unidos, que intenta forzar a cada chico a pasar cuatro años en la universidad. Por supuesto, las universidades son importantes. Un título universitario es algo genial. Pero en determinados contextos. Si quieres ser médico, ingeniero, contable o arquitecto, la universidad es el lugar adecuado para ti. Algunos trabajos de este mundo requieren el título y el estudio que implica. Tiene sentido. No queremos hospitales repletos de médicos que nunca estudiaron química, o líneas aéreas, que trasladan a seis millones de personas todos los días, diseñadas por personas que nunca estuvieron en una clase de matemáticas.

Pero ¿qué sucede si no estás seguro de qué hacer con tu vida? ¿O si estás seguro de que, sin importar lo que hagas, no será algo que requiera asistir a la universidad? ¿Realmente tiene sentido endeudarte o endeudar a tu familia con doscientos cincuenta mil dólares de préstamo estudiantil? ¿Para qué? ¿Para conseguir un trozo de papel? En esto se ha convertido la experiencia universitaria para muchos jóvenes. Pregúntales para qué asisten a la universidad y te dirán que para conseguir un título. Es lo mismo que decir que la razón por la cual trabajas es para llegar al fin de semana. ¿Qué sucede con todo lo del medio? ¿Qué sucede con el objetivo?

Esta es la pieza que falta en la ecuación. Objetivo. Visión. No les estamos dando el tiempo ni el espacio a los jóvenes para que descubran un objetivo o creen una visión para sí mismos. No estamos permitiendo que el mundo les enseñe lo que es posible en sus vidas. En cambio, justo en el momento en el que tienen menos que perder y mucho que ganar, pasando tiempo ahí afuera, en el mundo, los sacamos de allí y los metemos en carreras universitarias durante cuatro años, que son algo completamente opuesto al mundo real.

Yo soy la prueba viviente de que el aula donde los jóvenes pueden aprender al máximo es allí afuera, en el mundo. Aprendí todo acerca de vender siendo aprendiz en una ferretería como parte mi formación técnica. Aprendí cómo pensar en grandes preguntas sentado en la sala de estar de Fredi. Todas las demás cosas importantes que aprendí y que llevé conmigo durante el resto de mi vida las aprendí en el gimnasio, o las practiqué y perfeccioné allí mismo entre los dieciséis y los veinticinco años. Establecer una meta, planificar, trabajar duro, seguir adelante a pesar del fracaso, comunicarme, descubrir el valor de ayudar a otros; el gimnasio fue mi laboratorio para adquirir todo ese conocimiento. Fue mi preparatoria, mi universidad y mi escuela de posgrado, todo en uno. Cuando finalmente pisé un aula universitaria real —y asistí a muchas clases en los setenta— fue teniendo un propósito en mente, uno que servía a mi misión. Y tuve éxito en aquellas clases, porque las abordaba de la misma manera con la que atacaba mis metas de fisicoculturismo. Tal como dije, todos los caminos conducían al gimnasio.

Y sí, estamos hablando de mí. Soy un loco con esta clase de cuestiones, ya lo hemos mencionado. Pero cuando camino por el festival *Arnold Sports* en Columbia, Ohio, todos los meses de marzo, veo miles y miles de personas que tienen historias similares. Hombres y mujeres de todo el mundo que encontraron su camino hacia el *fitness* y luego hacia una vida exitosa *a través* del *fitness*. Hablo de dueños de gimnasios, bomberos, forzudos y empresarios que venden ropa para entrenar, suplementos nutricionales, bebidas regenerativas, equipamiento de fisioterapia, etcétera. La mayoría de estas personas no son graduados universitarios. Y muchos de los que lo son, te dirán que en realidad no utilizan lo que aprendieron en las aulas en el día a día de sus negocios.

Padres, maestros, políticos, líderes de comunidades, cualquiera que esté en contacto con los jóvenes debe darse cuenta de que hay millones de personas que crearon una visión para sí mismos, y que lograron construir vidas felices y exitosas fuera del sistema universitario. Son los fontaneros, electricistas, restauradores de muebles y limpiadores de alfombras a quienes llamamos cuando tenemos un problema que no sabemos cómo solucionar. Son los contratistas, agentes inmobiliarios, fotógrafos. Son profesionales en oficios que aprendieron practicando, en tiempo real, en el mundo real. Más que eso, son el sostén que mantiene a la economía en pie.

Deberíamos estar diciéndole esto a nuestros jóvenes. Deberíamos decirles que pueden construir sus sueños con un martillo y unos clavos, con un peine y un par de tijeras, con una sierra y un papel de lija. Y deberíamos estar haciéndolo no solo en su beneficio, sino también por nuestro propio interés. En países de todo el mundo hay escasez de personas que hagan estos trabajos. En el Reino Unido y en la eurozona, la falta de mano de obra cualificada ha paralizado la cadena productiva de algunas áreas. En Estados Unidos, donde los líderes políticos están intentando traer de vuelta la fabricación de chips de ordenadores al país, no hay suficientes trabajadores cualificados para construir los edificios donde se supone que estará el equipamiento necesario para la fabricación. Este problema no es nuevo. Es la razón por la cual, cuando fui gobernador, invertí grandes sumas en la formación técnica y profesional. No solo para ayudar a los trabajadores con un oficio, sino para que las personas comprendieran que lo que hacen es fundamental, y que necesitamos inspirar a más jóvenes a entrar en esos ámbitos.

No creo que nadie comprenda totalmente por qué nos encontramos en esta situación, pero creo que una gran parte se debe a que hemos estado cegados por el estatus, lo que nos convirtió en una cultura de mente cerrada. Por eso valoramos más el número de títulos que alguien tiene que el número de clientes felices a los que ha atendido. Por eso nos encantan las historias de empresarios, pero, sin embargo, si trabajas con tus propias manos y eres dueño de tu propio negocio, no te llamamos empresario, sino dueño de una pequeña empresa. Y la ironía es que, si comparas al «dueño de una pequeña empresa» con la clase de empresario tecnológico que idolatramos hoy en día (algunos de estos inventos nos están dividiendo, por cierto), la persona que trabaja con sus propias manos posiblemente sea más feliz y haya adquirido su propia casa mucho antes de que el empresario con titulación superior haya logrado pagar su primera deuda estudiantil. Incluso los desertores universitarios que tanto celebramos en nuestra cultura, como Bill Gates y Mark Zuckerberg, abandonaron Harvard, no el instituto o alguna escuela estatal desconocida.

Bueno, deja que te hable de una desertora un tanto diferente. Su nombre es Mary Shenouda. Vive cerca de mi casa, algo más abajo de la colina en *Venice*. Mary es una reputada chef que cocina para atletas profesionales, actores, empresarios y ejecutivos del más alto nivel y que deben mantenerse en la cima en todo momento, lo que significa que ella también tiene que ocupar la cima de su profesión. Una profesión que aprendió por cuenta propia. Como chef y profesional de primer nivel, Mary es completamente autodidacta.

Mary aprendió todo lo que sabe desde que dejó el instituto en primer curso. En lugar de pensar en la universidad, Mary decidió abrirse camino como técnico de ventas y, tal como yo lo había hecho en la ferretería en Graz cuando tenía su edad, aprendió todo sobre vender. También era muy buena en eso. Descubrió que vender, además de jugar al tenis, era algo en lo que destacaba, de modo que consideró las ventas como una posible carrera.

Sin embargo, algunos años más tarde, su foco de interés comenzó a virar hacia la cocina. Tenía que suceder. Mary había padecido una dolorosa enfermedad durante mucho tiempo, casi toda su adolescencia, lo que ocasionó que dejara el instituto. Ya tenía veintitantos años cuando descubrió que era altamente intolerante a la lactosa, a la soja y al gluten. Las comidas típicas en restaurantes y tiendas de alimentos estaban atacando su sistema inmune y ocasionándole graves inflamaciones. Si quería volver a sentirse bien con su propio cuerpo y comer sus platos favoritos otra vez, tendría que descubrir una nueva forma de hacerlo sin dañar su salud.

De modo que lo hizo. Y durante el proceso se volvió una apasionada de ello. Se convirtió en cocinera experta en menos tiempo del que le lleva a una persona común terminar la escuela de gastronomía. Y resulta que, en ese mismo momento, el mundo a su alrededor también estaba experimentando la revolución de la dieta paleo, así como también la revolución keto y la revolución de los alimentos sin gluten. Cada vez más personas sustituían los lácteos en el café o en los helados por leche de almendras o de coco (ahora leche de avena). Estos fueron los campos dietéticos que Mary exploró mientras descubría comidas nutritivas y deliciosas para su propia dieta.

No pasó mucho tiempo hasta que Mary se dio cuenta de que tenía a su alcance una verdadera oportunidad de negocio. Había crecido en Silicon Valley y vivía en ese momento en la zona de la bahía de San Francisco, por lo que estaba rodeada de personas que, si hubieran estado en su lugar, se habrían matriculado de inmediato en una facultad de empresariales. Pero, como ella había abandonado el instituto, no tenía ese camino tan disponible como los demás. Y aunque ese hubiera sido el caso, a esas alturas ella ya era una vendedora experimentada y tenía una idea que sabía que era buena y un mercado que estaba en crecimiento, de modo que el mundo le estaba diciendo que era el momento de aprovechar la oportunidad. Y ella la aprovechó.

Mary comenzó a llamarse a sí misma la «chef Paleo» y aprendió todo lo que pudo sobre cómo transformar esa pasión en un negocio. Leyó libros y aprendió cómo interpretar publicaciones médicas. Habló con jefes y expertos de todas las áreas que necesitaba comprender. Aprovechó el conocimiento de sus clientes y consumidores. Observó cómo otras personas que no tenían dinero, al igual que ella, habían construido sus negocios desde cero. Dedicó tiempo a escuchar a quien estuviera dispuesto a ayudarla.

Todo eso sucedió en 2012. Desde entonces, ha creado su servicio de chef privado y un producto alimenticio para el rendimiento llamado *Phat Fudge*, que desarrolló a su vez, convirtiendo ambos no solo en negocios de éxito para hacer que las personas (entre sus clientes hay campeones de la NBA y ganadores del Óscar), se sientan mejor, sino en un estilo de vida que otorga flexibilidad y control a su propio destino. Convirtió su visión en realidad. Todo esto logrado por alguien que abandonó el instituto, pero que tenía la mente abierta y una impecable ética de trabajo.

Que quede claro que no recomiendo abandonar el instituto. Nunca se sabe qué puede interponerse en tu camino o hacer que tu visión se vuelva imposible, lo que podría obligarte a tomar un camino más tradicional durante un tiempo. En casos como ese, tener un título de secundaria es similar a tener permiso de conducir. No significa que estés mejor preparado, sino que permite que los demás sepan que estás en el sistema y sabes cómo funcionar en él.

Dicho eso, el mundo está abierto a que hagas lo que hizo Mary con cualquier cosa en la que destaques o cualquier problema que desees solucionar, sin siquiera tener que pensar en la universidad si no quieres hacerlo. No importa si se trata de crear alimentos libres de gluten, soja o lactosa, convertirte en profesional del *fitness*, paisajista, o transformar tu pasatiempo en un negocio después de jubilarte.

Sé que esto puede sonar como si estuviera criticando la universidad, pero eso se debe a que la manera más fácil de cerrar la mente de una persona es hacerle sentir que no puede permitirse soñar, y eso es exactamente lo que la universidad ha estado haciendo con muchas personas. Si puedes evitar que eso te suceda, si puedes escuchar al mundo a tu alrededor y prestar atención a lo que te entusiasma cada mañana, verás que no es tan difícil encontrar una pasión o un objetivo con el cual construir una visión.

SÉ CURIOSO

Siempre me parecí más a mi personaje Julius en *Los gemelos golpean dos veces* que a John Matrix en *Comando*. No soy una especie de supersoldado que siempre sabe qué hacer y va un paso por delante de los demás; soy una persona sincera que quizás sea un tanto ingenua acerca de algunas cosas que otros dan por sentado, pero que es principalmente curiosa por aprender acerca del mundo.

Como inmigrante, y apuesto a que muchos de vosotros lo sois, y como alguien que cambió de trayectoria profesional múltiples veces, al igual que muchos de vosotros, la curiosidad siempre fue un superpoder para mí. Es magnética. Por el simple hecho de abrirme la mente a las maravillas del mundo que me rodea, mi curiosidad me abrió la puerta a muchas oportunidades increíbles. También atrajo a un sinfín de personas buenas e inteligentes a mi vida. La clase de personas a quienes les gusta enseñar, apoyar e incentivar a otros. Entre ellas se encuentran algunas personalidades verdaderamente importantes que conocí a lo largo del tiempo, muchos de los cuales tengo el honor de considerar amigos. Personas como Reg Park en mis inicios, luego Muhammad Ali, Nelson Mandela, Mijaíl Gorbachov, incluso el Dalai Lama y dos papas. A mis amigos les gusta llamarme Forrest Gump porque he conocido a todos los presidentes estadounidenses desde Lyndon Johnson. A diferencia de Forrest, yo no estuve en la misma sala que todas estas figuras históricas por accidente; las conocí porque yo era famoso. Pero llegué a realmente conocerlas y tener relación con ellas porque fui curioso. Les hice preguntas sobre sí mismos y sobre sus experiencias. Les pedí consejo. Y luego escuché.

A las personas importantes, interesantes y poderosas les atraen aquellos que hacen buenas preguntas y saben escuchar. Cuando tienes la curiosidad y humildad suficientes para admitir que no lo sabes todo, personas como esas *querrán* hablar contigo. Querrán ayudarte. Tu curiosidad y humildad les demuestran que tu ego no es tan grande y que estás dispuesto a escucharlos. Cuando tienes la mente cerrada, saben que no hay razón para perder el tiempo. ¿Qué sentido tiene intentar enseñarte algo si ya estás tan seguro de que lo sabes todo?

Tener la paciencia y la humildad para escuchar bien es un ingrediente esencial de la curiosidad, y es el secreto del aprendizaje.

Algunos de los pensadores y filósofos más importantes de la historia nos lo han estado enseñando durante miles de años, con frases como «Tenemos dos orejas y una boca para escuchar más y hablar menos». Esta idea aparece una y otra vez a lo largo de la historia. En la Biblia: «Que todo hombre sea pronto para escuchar, tardo para hablar». En las palabras del Dalai Lama: «Cuando hablas, solo repites lo que ya sabes, pero cuando escuchas, quizás aprendas algo nuevo». Ernest Hemingway dijo: «Cuando las personas hablan, escucha con atención. La mayoría nunca escucha». La jueza Ruth Bader Ginsburg dijo: «Creo profundamente en escuchar y aprender de los demás».

Estas son solo formas diferentes de decir que no sabes tanto como piensas, de modo que cierra la boca y abre la mente. Aprendí esta lección de manera contundente con *Terminator*, película que podría haber perdido si hubiera permitido que mis representantes y mi ego discutieran con un hombre que se transformaría en el mejor director de todos los tiempos.

Conocí a Jim Cameron por primera vez en la primavera de 1983, en un restaurante de Hollywood donde nos encontramos para almorzar y conversar sobre su guion para *Terminator*, que me había proporcionado un hombre llamado Mike Medavoy, jefe del estudio que finalmente produciría la película. Yo estaba preparándome para comenzar el rodaje de la secuela de *Conan, el bárbaro*, y Mike, mis representantes y yo creíamos que esta sería mi próxima película y que debería interpretar a Kyle Reese, el héroe de la historia.

En teoría tenía sentido: Kyle Reese era un soldado del futuro enviado para salvar a Sarah Connor y, por ende, a toda la raza humana de una máquina asesina tecnológicamente avanzada. No hay nada más heroico que eso. Sin embargo, durante nuestro almuerzo, empleamos casi todo el tiempo hablando del *Terminator* en sí mismo. Sin duda era el personaje que me parecía más fascinante y me llamaba poderosamente la atención. Al leer el guion, se me ocurrieron muchas preguntas y algunas ideas sobre cómo alguien debería interpretar al robot que estaba diseñado para parecer un ser humano. Se las lancé a Jim una tras otra durante el almuerzo. Pude ver en su reacción que la enorme curiosidad que demostraban mis preguntas y el profundo interés de mis ideas le resultaban sorprendentes. Creo que esperaba encontrarse con un idiota. Estuvo de acuerdo en que *Terminator* debía ser el personaje mejor interpretado. Incluso coincidimos sobre algunas cuestiones específicas que el actor que interpretara a *Terminator* debía hacer para comportarse como una máquina.

En algún momento durante nuestro almuerzo, Jim se convenció de que yo debía ser *Terminator*. O al menos de que *podía* llegar a serlo. En mi cabeza yo también creía lo mismo, pero, aun así, ese no era el papel que quería interpretar y se lo hice saber. Yo era Conan. Conan era un héroe. Se suponía que yo interpretaba héroes. Mi objetivo era ser el próximo gran héroe de acción. No se llega ahí con papeles de villano. Jim escuchó con atención mientras le explicaba mi punto de vista, y lo comprendió. Yo simplemente estaba describiendo la sabiduría convencional de Hollywood.

Luego me tocó a mí escuchar. El argumento de Jim era que esa película no sería una típica película de acción de Hollywood. Esa era una historia de viajes en el tiempo. Había tecnología futurista. Era ciencia ficción. Las reglas son diferentes en ese género. Además, *Terminator* no era el villano. El villano era quien había enviado a *Terminator* desde el futuro. *Terminator* simplemente… estaba allí. Jim aseguró que podíamos convertir al personaje en lo que quisiéramos, basándonos en cómo yo decidiera interpretarlo y él filmarlo. Es decir, si decidía aceptar el papel.

Esa misma noche, cuanto más pensaba en el proyecto, más difícil me resultaba quitarme de la cabeza mi imagen interpretando a *Terminator*. En lo único en lo que podía pensar era en mi conversación con Jim. Sus palabras resonaban en mis oídos. Jim solo había rodado una película antes que esta, pero el guion era tan original, y él realmente sabía qué quería hacer con él, que no pude evitar dejarme influenciar por todo lo que dijo mientras argumentaba que yo debía interpretar ese papel en lugar del de Kyle Reese. Además, yo mismo había actuado tan solo en una película en ese momento. ¿Cómo iba a saber yo más que él?

Llamé a Jim al día siguiente y le dije que aceptaba la propuesta.

Mis representantes estaban en contra de mi decisión. Se aferraban a la creencia convencional de que los héroes no debían interpretar villanos. Los oí, pero no los escuché. Por el contrario, escuché a mi instinto y seguí el camino al que me llevaba mi curiosidad. Más importante aún, mantuve la mente abierta y escuché a Jim. Realmente lo escuché. Y gracias a ello mi decisión se transformó en la más trascendental de mi carrera. No porque *Terminator* fuera un éxito, aunque eso fue fantástico para mi cuenta bancaria. Escuchar cómo Jim hablaba sobre *Terminator* en reuniones, escuchar cómo me dirigía en los ensayos y en el rodaje, y luego observar cómo editaba mis escenas, me confirmó que yo podía ser mucho más que un héroe de acción. Podía ser una estrella de *cine*. Un actor protagonista.

La primera gran visión que tuve para mi vida surgió de observar a Reg Park en la pantalla grande en Graz en 1961. Aquello adquirió mayor significado mientras escuchaba a Jim Cameron durante el almuerzo en *Venice* en 1983 y dictó mis elecciones de las próximas dos décadas. Hemingway tenía razón. Cuando las personas hablan, deberías escucharlas.

SÉ UNA ESPONJA

Ser curioso y ser bueno escuchando representan una gran parte de cómo utilizar de manera efectiva tus relaciones con los demás para perseguir tus metas. No me refiero a una forma manipuladora, sino práctica. Si te pones a pensarlo, las personas son recursos.

Pero solo cuando aprendes a absorber lo que esas personas te dicen —no solo dejar que entre por un oído y salga por el otro— comienzas a volverte útil para los demás y a convertirte tú mismo en un recurso.

Cuando me postulé para gobernador, quienes me conocían me advirtieron que me encantaría hacer campaña, pero odiaría sentarme en el despacho del gobernador para analizar medidas políticas, porque lo que yo siempre quería era acción, acción, acción. Quienes no me conocían pensaban lo mismo, pero por una razón un tanto diferente. Creían que yo siempre necesitaba atención, atención, atención. Ambas perspectivas eran ciertas, hasta cierto punto, pero también falsas. Fallaban en reconocer el hecho de que el gobierno era el aula más grande del mundo, y no tenían en cuenta que yo había sido una esponja frente al conocimiento y la información nueva durante toda mi vida, ya desde mi juventud aprendiendo de Fredi, y de mis compañeros fisicoculturistas.

En el gimnasio, si veía que alguien estaba intentando una nueva técnica de entrenamiento que no tenía ningún sentido para mí, no los llamaba «frente estrecha» (mi amigo Bill Drake llamaba a todos «frente estrecha», en el sentido de que tenían la frente baja como un neandertal), les hacía preguntas porque quizás podía ayudarme. Por ejemplo, cuando vi al gran Vince Gironda hacer extensiones de tríceps acostado de lado en su gimnasio ubicado en North Hollywood, admito que pensé que se parecía un poco a Mickey Mouse por esa pequeña pesa que estaba utilizando. Pero, en lugar de desestimar su técnica porque parecía afeminada o descartarla por completo porque Vince no tenía prestigio en el campo del levantamiento de pesas pesadas, decidí probarla. Realicé cuarenta series durante mi siguiente entrenamiento de brazos, ya que esa era la mejor manera de ver cómo un movimiento nuevo impactaba mi cuerpo, y mis tríceps externos no dejaron de temblar al día siguiente. El ejercicio era efectivo, y le pregunté a Vince acerca de él.

¿Cómo se te ocurrió este ejercicio? ¿Por qué funciona mejor que otros movimientos similares? ¿Cómo debería incorporarlo en mi rutina?

Mis preguntas tenían varios objetivos. Las respuestas, si tenían sentido para mí, aliviarían cualquiera de mis dudas o preocupaciones. Al ser curioso, tal como hablamos anteriormente, mostraba humildad y convertía a Vince en mi aliado, y probablemente compartiría conmigo otras valiosas técnicas de entrenamiento. Pero lo más importante de todo, preguntar el cómo y el porqué acerca de algo que te interesa, aumenta las posibilidades de que la información permanezca en tu cerebro y conecte con otros datos relacionados, lo que te será mucho más útil cuando sea el momento de poner todo el conocimiento al servicio de los demás.

Por esa razón amaba ser gobernador más que cualquier otro trabajo que hubiera tenido. Representaba la oportunidad de absorber toda la información sobre cómo funciona la sociedad, y la posibilidad de utilizar esa información para ayudar a millones de personas. Un día aprendí que necesitábamos más vigilantes penitenciarios porque estaban haciendo tantas horas extras que trabajaban en unas condiciones cada vez más inseguras y enfermaban de manera crónica, lo que los volvía propensos a cometer errores y descuidos en protocolos de seguridad. Al día siguiente, aprendí sobre los precios de los medicamentos y los seguros de salud, o estaba sentado con las mentes científicas más inteligentes del mundo, descubriendo que millones de personas mueren año tras año a causa de la contaminación. Un día más tarde, me reunía con un equipo de ingenieros civiles que me explicaban cómo los trece mil kilómetros de diques estaban deteriorándose. Yo ni siquiera sabía que teníamos tantos miles de diques, más que Holanda o Luisiana. Luego, una vez terminada mi reunión con los ingenieros, debía reunirme con un grupo de enfermeros que me explicaban por qué los hospitales de California necesitaban una proporción enfermero-paciente mayor que uno a seis. Es prácticamente imposible para los enfermeros completar todo el trabajo de un turno teniendo seis pacientes a cargo. Por ejemplo, un enfermero medio no puede levantar a un hombre adulto él solo, de modo que, cuando es necesario levantar a ese paciente de la cama y llevarlo al baño —una situación que experimenté en carne propia tras mi cirugía cardíaca en 2018—, algunas veces se necesitan dos enfermeros adicionales, que a su vez dejan de realizar el trabajo que deben hacer con sus otros pacientes. ¡Aprendí todo esto gracias a una sola conversación con un grupo de enfermeros!

Me encantaba. Estaba aprendiendo sin parar. Cuanto más aprendía y más preguntas les hacía a quienes me estaban enseñando, más comprendía cómo se conectaban las cosas y me convertía en un mejor líder. Cada día que pasaba en Sacramento sentía que me entregaban piezas de rompecabezas para que formara una imagen de cómo funcionaban los diferentes sistemas, como un plano mental. Y cuando la imagen de uno de esos sistemas no tenía sentido para mí, o el plano parecía incompleto, en ese momento sabía que debíamos actuar.

Era afortunado. Como gobernador, aunque no fuera naturalmente curioso, podía hacer que las personas me explicaran cómo funcionaba el estado hasta que cobrara sentido para mí, sin importar cuánto tiempo necesitaran. La mayoría de las personas no son tan afortunadas. No cuentan con el poder necesario para hacer que otros les expliquen cómo funciona el mundo, o no tienen mentores como Fredi Gerstl para enseñarles a abrir sus mentes y absorber el mundo como una esponja. Deben descubrir todo eso por sí mismos, lo cual puede resultar muy intimidante y desalentador sin apoyo alguno.

Creo que esta es una de las razones por las cuales las personas se sienten atrapadas en sus vidas. Viven en un mundo que no comprenden. El mundo es lo que es, y ellos son quienes son, y eso es algo que deben aceptar y con lo que deben lidiar. Es lo que les tocó en esta vida. Quizás nacieron en un mundo en la que los demás son ricos y ellos son pobres, o los demás son altos, o inteligentes, o dotados físicamente y ellos son lo opuesto a todas esas cosas, y nadie les explicó que, si bien hay circunstancias que no puedes cambiar, hay otras que sí puedes cambiar siendo curioso y convirtiéndote en una esponja, para luego utilizar el conocimiento adquirido y crear una visión para tu vida.

Terminator tiene una frase muy famosa: «No hay destino, solo existe el que nosotros hacemos». Nadie les enseñó a estas pobres almas que pueden crear su propio destino. Que pueden cambiar sus circunstancias de manera tan drástica que hará que las cosas inmutables ya no tengan relevancia. De hecho, cualquiera puede hacerlo. Cualquiera puede forjar su propio destino. Tú puedes hacerlo, comenzando en este mismo instante. Al leer este libro, quizás ya lo hayas hecho. De ser así, fantástico. Ahora quiero que te acerques a alguien de tu vida que quizás no haya comenzado a cambiar sus circunstancias porque no cree que sea posible. Es importante que nos acerquemos a esas personas, porque la curiosidad es lo primero que muere dentro de alguien a quien se le enseñó que el mundo es lo que es, y que no hay nada que hacer para cambiarlo. Después de que la curiosidad muera, la esponja que es su mente se convierte en un ladrillo débil que lucha por absorber nuevos conocimientos y se vuelve increíblemente frágil cuando enfrenta decisiones difíciles.

Haz lo mismo por ellos que lo que hizo Fredi Gerstl por mí, y lo que yo, con este libro, estoy intentando hacer por ti. El mundo necesita más esponjas. Necesita personas más inteligentes, optimistas, motivadas y útiles que tengan visiones. Necesita personas que puedan soñar el mundo del mañana, lo que solo sucede si primero son capaces de absorber el conocimiento del mundo de hoy.

HAZ BUEN USO DE TU CONOCIMIENTO

Utilízalo o piérdelo. Estas palabras, que pueden referirse a múltiples áreas de la vida, deberían considerarse leyes del universo.

En el gimnasio, si no utilizas un músculo, se marchita y muere. Algunos lo llaman atrofia.

En Hollywood, si no utilizas tu fama para emprender grandes proyectos o ejercer un gran impacto, tu estrella se desvanecerá y tus posibilidades de hacer cualquiera de las dos cosas se desvanecerán con ella.

En el gobierno, si tienes dinero destinado para una cuestión específica en tu presupuesto anual y no lo utilizas ese año, desaparecerá al año siguiente y nunca lo volverás a ver.

Utilizar o perder es la norma con las frutas maduras, con el apoyo político, la atención de los medios, los cupones, la oportunidad económica, el espacio para avanzar en las autopistas, toda clase de cosas. Pero lo más importante: esto es cierto para el conocimiento que absorbes en tu vida. Si no ejercitas la mente como un músculo y haces que el conocimiento trabaje, terminarás perdiendo su poder.

Una de las primeras veces que experimenté de manera personal el impacto que puede tener utilizar tu conocimiento y hacerlo trabajar, fue durante mis tres años como presidente del Consejo Presidencial para la Aptitud Física y los Deportes, desde 1990 a 1993. Como parte de mis funciones mientras trabajaba bajo el mando directo del presidente Bush, visité escuelas de los cincuenta estados. Me reuní con líderes locales para hablar sobre medidas políticas. Di discursos en escuelas para motivar a los niños y convencer a sus padres de que apagaran el televisor y salieran al exterior. Dirigí mesas redondas y paneles de debate con personal educativo, expertos médicos, profesionales del *fitness*, personalidades de la sanidad, nutricionistas expertos y con cualquiera que creyera que podía ayudarnos en nuestra lucha contra la obesidad infantil y apoyarnos en la promoción de programas de educación física, que se veían reducidos en aquellos estados que sufrían recortes de presupuesto. Durante esos viajes hablé mucho, pero pasé la mayor parte del tiempo como una esponja, observando, escuchando y haciendo preguntas, intentando aprender de las autoridades locales qué estaba sucediendo en los diferentes estados. ¿Qué problemas estaban afrontando? ¿Qué habían intentado hacer para salvar los programas de educación física? ¿Qué había funcionado? ¿Qué había fallado? ¿Qué necesitaban? ¿Y por qué?

Me fui de cada evento con el cerebro repleto de información, y durante un tiempo el único lugar donde pude depositarla fue en informes y recomendaciones que el consejo emitía todos los años. Luego, en 1992, conocí a un hombre maravilloso llamado Danny Hernandez, que dirigía un programa llamado *Inner-City Games* (ICG, por sus siglas en inglés) en el centro juvenil *Hollenbeck* al este de Los Ángeles, a tan solo veinticuatro kilómetros de mi casa.

Danny nació y se crio en una zona difícil del este de Los Ángeles llamada *Boyle Heights*. Allí se graduó en el instituto, volvió para asistir a la universidad después de recibir una condecoración por su servicio militar en Vietnam, y hasta el día de hoy vive allí. Es como los ojos, los oídos y el latido del corazón de *Boyle Heights*. Y durante el transcurso de los años, se dio cuenta de que en verano, cuando no había escuela, era el momento en el que los niños de su vecindario estaban expuestos a las drogas y a la violencia de las pandillas, porque no tenían que estar en ningún otro sitio o no tenían nada constructivo que hacer. De modo que, en 1991, comenzaron los ICG —una competición atlética y académica de estilo olímpico— para los niños del este de L.A., lo que representaba una alternativa a las calles.

A Danny y a mí nos presentaron cuando comenzaron los disturbios de Los Ángeles. La absolución de cuatro policías de Los Ángeles durante esa primavera por la paliza a Rodney King en la calle un año antes había hecho explotar las tensiones raciales en la ciudad. Las protestas en contra del veredicto condujeron a una semana de saqueos, incendios, violencia y destrucción de la propiedad privada, mayormente en los vecindarios más pobres como en el que trabajaba Danny. Tiendas, apartamentos, centros comerciales y en algunos casos manzanas enteras ardieron. Danny sentía que aquel verano, para el que apenas faltaba un mes, sería crucial para los niños, no solo en *Boyle Heights*, sino en toda la ciudad. Las cosas podían salir muy mal en cuestión de minutos si los líderes de la comunidad no prestaban la atención suficiente, si no tenían los ojos bien abiertos, por decirlo de alguna manera, mientras medio millón de niños de entre cinco y dieciocho años salían corriendo de las aulas hacia las calles de la ciudad. La idea de Danny fue la de expandir los ICG más allá del este de Los Ángeles y de esa manera incluir a los niños de la ciudad entera, y estaba buscando el apoyo de líderes políticos y personas influyentes para generar conciencia y recaudar fondos para ello.

Allí es cuando yo entré en escena. Danny se ofreció a hacerme un *tour* por el centro juvenil *Hollenbeck*. Había un gimnasio y un cuadrilátero de boxeo y mucho equipamiento deportivo. También un vestuario con duchas. Tenía zonas más tranquilas para hacer los deberes y contaba con monitores adultos para ofrecer apoyo. Incluso había una sala de informática que tenía muchos ordenadores, algo sorprendente en el año 1992. Salvo por los ordenadores, el lugar me recordaba al gimnasio de Graz, un santuario repleto de posibilidades.

Absorbí todo lo que pude sobre lo que Danny me contó acerca del trabajo que había estado haciendo durante la última década, y le hice muchas preguntas sobre lo que él esperaba lograr con los *Inner-City Games*. Creía que, cuanto más supiera, mejor podría ayudar, y realmente quería comprender este lugar y la misión de Danny.

En especial quería comprender por qué no había otros programas como este. Yo había visitado escuelas de casi todos los estados a esas alturas, y no había visto o escuchado acerca de programas similares. Siempre había sido un problema para Danny asegurar fondos estatales y federales, así que probablemente esa era la causa. También era la razón por la cual me estaba informando a mí sobre su programa y no al alcalde o al gobernador.

Danny era fascinante. Su ambición por el centro juvenil y por los ICG me recordaba a mis primeras metas en el fisicoculturismo y en Hollywood. Ambos teníamos sueños que muchas personas posiblemente creyeran imposibles, pero, si hubieran visto lo que nosotros veíamos y hubieran sabido cuánto trabajo estábamos dispuestos a hacer para convertir esos sueños en realidad, se hubieran dado cuenta de que no eran imposibles en absoluto.

Había escuchado suficiente. Acepté unirme. Lo hice como director ejecutivo de los juegos para ayudar a Danny a expandir los ICG a la zona metropolitana de la ciudad de Los Ángeles. De inmediato instituimos la fundación *Inner-City Games* como una organización sin ánimo de lucro, y durante todo el verano contacté con amigos y personalidades importantes de Hollywood para solicitarles donaciones, mientras Danny lograba obtener patrocinadores empresariales. No logramos inaugurar los juegos a tiempo para la pausa de verano —la ciudad todavía se estaba recuperando de los disturbios—, pero más adelante, durante el otoño, los ICG recibieron a cientos de miles de niños en diversos establecimientos alrededor de Los Ángeles, que compitieron en un gran número de actividades atléticas diferentes, y también participaron en competiciones de escritura, danza y arte, donde podían obtener becas. Además, se ofrecía orientación académica y pruebas de salud y *fitness* gratuitos para los niños y sus familias.

Fue un gran éxito. Nuestros esfuerzos llamaron mucho la atención, que es exactamente lo que necesitas cuando intentas vender una visión como esta en una ciudad tan grande como Los Ángeles. Los ICG también obtuvieron cobertura nacional en los medios en 1992, lo que fue incluso mejor, porque nos permitió a Danny y a mí llenar ese vacío tal como lo había hecho en el pasado con el fisicoculturismo y con mis películas. Logramos difundir el mensaje de los ICG con nuestras propias palabras, lo que atrajo organizadores comunitarios de otras ciudades, como Atlanta y Chicago, quienes se habían enterado de lo que Danny había hecho el año anterior y deseaban presenciarlo por sí mismos para ver si funcionaría en sus ciudades.

Si los ICG podían funcionar en aquellas ciudades no era una pregunta que yo estuviera preparado para responder. Lo que sí sabía con certeza, después de todos mis años como zar del *fitness*, es que todas esas ciudades, y muchas más, necesitaban un programa como este porque habían tenido los mismos problemas que afectaban a Los Ángeles: cada verano, cientos de miles de niños no tenían un lugar donde ir y nadie podía cuidarlos.

Pero también sabía algo más. La ciudad no estaba afrontando un problema exclusivo del verano. Aquel era un problema diario que afectaba las horas después de la escuela. Había comenzado a notarlo durante mis visitas a las escuelas estadounidenses. Al final de la jornada escolar, veía que algunos niños se marchaban con sus padres, otros se apilaban en los autobuses escolares, pero muchos no hacían ninguna de las dos cosas. Se quedaban por allí para divertirse o se marchaban en grupos pequeños con destino desconocido. Vi cómo ese patrón se repetía una y otra vez, en especial en las escuelas secundarias, que no tienen la misma clase de deportes extraescolares que los institutos. Me pregunté si habría alguna explicación para esto, de modo que les consulté a los maestros y directivos. Me explicaron que alrededor del setenta por ciento de sus estudiantes tenían padres ausentes o que trabajaban y no podían pagar por el cuidado de sus hijos, por lo que los niños se quedaban solos en casa después de la escuela, básicamente sin supervisión hasta que llegaran sus padres del trabajo. Los jefes de policía de esas ciudades también me informaron que se referían a esas horas entre el final del horario escolar y el horario laboral —aproximadamente entre las tres y las seis de la tarde— como la «franja peligrosa», momento en el que los niños estaban más expuestos a las drogas, al alcohol, a las pandillas, al crimen y al embarazo adolescente.

Gracias al éxito de los *Inner-City Games* en el otoño de 1992 y luego en el verano de 1993, vi la oportunidad de ayudar a Danny Hernandez a expandir los ICG más allá de Los Ángeles y llevarlos a nivel nacional. Tenía la esperanza de que, en algún momento, y con el suficiente apoyo y los fondos necesarios, pudiéramos expandir su misión más allá del verano e implementar un programa anual extraescolar. Pero tenía algo más que esperanza. Tenía una visión, y creía tener el conocimiento y la capacidad de hacerla realidad. Esta era una misión donde por fin podría aprovechar todo el reconocimiento que había logrado durante las dos décadas anteriores. Podía sacar provecho de todas las relaciones que había cultivado durante ese tiempo. Podía llamar a cualquier político, funcionario de gobierno y experto en la materia que había conocido durante mi recorrido por los cincuenta estados como zar del *fitness*. Podía apoyarme en cada dato que había aprendido en los foros de debate, mesas redondas, entrevistas y encuentros comunitarios a los que había asistido, desde Anchorage hasta Atlanta. Tal como me había enseñado Fredi Gerstl, había absorbido como una esponja toda esa información valiosa, y ahora era el momento de exprimirla para beneficiar a todos los niños en riesgo del país.

Soy la clase de persona que no deja pasar las oportunidades, de modo que, junto a la poderosa Bonnie Reiss, de inmediato pusimos en marcha una máquina para recaudar fondos de personas influyentes y comenzamos nuestro viaje. Visitamos ciudades de todo el país que creíamos que podían beneficiarse del programa ICG y de la versión mejorada que teníamos en mente. Con mis propios fondos, viajando en mi propio avión, volamos a todas partes y convocamos a todos los funcionarios estatales de cada ciudad y estado que estuvieran dispuestos a escucharnos. Nos describieron los problemas que estaban afrontando, muchos de los cuales se referían a recaudar el dinero para financiar nuestro programa en su ciudad en particular o incluso en tan solo una de sus escuelas. Tal como lo había hecho en el Consejo Presidencial, absorbí toda esa información y la utilicé para comprender los problemas más grandes que estábamos intentando solucionar. Luego, junto a Bonnie, Danny, filántropos de nuestro círculo y agencias estatales y federales, volcamos todo nuestro conocimiento para ofrecer soluciones para estas ciudades por medio de la fundación ICG.

El resultado final fue el crecimiento sostenido de los ICG en nueve etapas a lo ancho y largo del país durante los siguientes años. Al mismo tiempo, comenzamos a desarrollar un programa escolar anual llamado *After-School All Stars*, que actualmente beneficia a casi cien mil niños a diario, en más de cuatrocientas cincuenta escuelas de cuarenta ciudades estadounidenses. Es un programa del que me enorgullece profundamente formar parte en la actualidad, porque es un claro ejemplo de lo que se puede lograr cuando cierras la boca y abres la mente. Cuando escuchas y aprendes y abordas un problema con preocupación genuina. Cuando no retienes nada y lo das todo para que tu rincón del mundo sea un mejor lugar.

Curiosidad. Hambre de información. Mente abierta. Darle un buen uso a tu conocimiento.

Sucede que esta es la fórmula para que cualquiera pueda provocar un cambio real y significativo en el mundo, ya sea de manera personal, profesional o política. También es la manera de provocar un cambio en tus circunstancias y permitir que una visión crezca y evolucione, lo que es esencial, ya que sé que tú también quieres crecer y evolucionar.

7

Rompe tus espejos

Tengo una regla. Puedes llamarme Schnitzel, Termie, Arnie, Schwarzie, pero nunca me llames «hombre hecho a sí mismo».

Cuando era joven, y mi comprensión lectora en inglés no era tan buena como ahora, siempre me confundía cuando las personas me llamaban así. ¿Hecho a sí mismo? Sabía que era un cumplido, pero aun así pensaba: ¿De qué están hablando? ¿Qué hay de mis padres? Ellos me hicieron, literalmente. ¿Y qué hay de Joe Weider? Él me trajo a Estados Unidos e hizo que mis primeros sueños se volvieran realidad. ¿Y qué sucede con Steve Reeves y Reg Park? Ellos hicieron posible que yo soñara con dar el salto del fisicoculturismo al cine, y finalmente lo hiciera realidad. ¿Y John Milius? Él me convirtió en *Conan, el bárbaro*. Quizás me haya tomado el concepto de «hecho a sí mismo» de manera muy literal, pero aun así nunca creí que esa etiqueta me definiera. Yo creía que era un ejemplo de que el sueño americano se puede cumplir. Creía (y todavía creo) que cualquiera puede hacer lo que yo hice. Pero sentía, en todo caso, que eso me convertía en lo opuesto a un hombre hecho a sí mismo. Analicemos esto rápidamente. Si yo soy un ejemplo de lo que es posible lograr en Estados Unidos, ¿cómo es que soy un hombre hecho a sí mismo, si necesité mudarme a Estados Unidos para que cualquiera de mis éxitos fuera posible? ¡Estaba en deuda con la existencia de un país entero incluso antes de levantar mi primera pesa!

A medida que fui envejeciendo y entendí más acerca de los matices y la historia detrás de la idea del «hombre hecho a sí mismo», comprendí que las personas en realidad estaban intentando halagarme por ser trabajador, disciplinado, motivado, entregado, todas las cosas que debes ser para alcanzar tus metas. Y tenían razón, por supuesto. Yo era todo eso. Nadie levantó las pesas, ni actuó en mis escenas, ni firmó proyectos de ley por mí. Pero eso no significa que me hiciera a mí mismo. Quien soy, donde estoy, por qué estoy aquí y todo lo que he podido realizar, todo esto se debe al impacto que cientos de personas especiales tuvieron en mi vida.

No estoy solo en esto. Todos estamos aquí gracias a las contribuciones de otras personas. Incluso aunque nunca hayas tenido una influencia positiva en tu vida; incluso si todas las personas con las que te encontraste fueron obstáculos, enemigos o no hicieron más que herirte, aun así, te enseñaron algo. Que eres un superviviente. Que eres mejor que eso, mejor que ellas. Te enseñaron qué es lo que no hay que hacer y en quién no hay que convertirse. Eres tú el que está aquí, ahora, leyendo este libro, intentando mejorar, y todo eso gracias a las personas que tienes en tu vida, para bien o para mal.

Si te pones a pensarlo, ninguno de nosotros hizo nada en soledad. Siempre tuvimos ayuda o apoyo. Otras personas sentaron las bases o nos enseñaron el camino de una forma u otra, ya fuéramos conscientes de ello o no. Y ahora que lo *sabes*, es importante reconocer que tienes la responsabilidad de devolver el favor. Ayudar a los demás. Enviar la escalera de vuelta hacia abajo y hacer subir al siguiente grupo. Seguir la cadena. Ser útil.

Y déjame decirte algo: cuando aceptes esa responsabilidad por completo, te cambiará la vida y mejorará la vida de innumerables personas. Te preguntarás por qué no te habías dado cuenta de esto mucho antes. Lo que comenzó como responsabilidad pronto se transformará en deber, que finalmente sentirás como un privilegio que nunca querrás abandonar y nunca darás por sentado.

RETRIBUIR BENEFICIA A TODOS

Un libro como este es una conversación entre dos personas, el autor y el lector. Tú y yo. No le estoy hablando a todo el mundo, te estoy hablando a ti. En mi opinión, es una relación profunda y sagrada. Pero sucede algo extraño con los libros como este, donde el propósito del autor es motivarte, crear una visión para tu vida, pensar en grande y hacer lo que sea necesario para cumplir con esa visión. Estos libros pueden convertirse en una invitación al egoísmo. Pueden utilizarse para justificar una actitud de «yo contra el mundo», que convierte el crecimiento personal en un juego de suma cero. Para que tú te enriquezcas, alguien tiene que ser más pobre. Para que tengas más fuerza, alguien tiene que ser más débil. Para que ganes, alguien más debe perder.

Déjame decirte algo, fuera de la competición deportiva directa, todo son sandeces. La vida no es un juego de suma cero. Todos podemos crecer juntos, enriquecernos juntos, fortalecernos juntos. Todos pueden ganar, a su debido tiempo, y a su manera.

Todo eso puede suceder si nos concentramos en cómo podemos retribuir a las personas de nuestras vidas, ya sean familiares, amigos, vecinos, colaboradores o simplemente otros seres humanos que respiran el mismo aire que nosotros. ¿Cómo podemos ayudarlos a alcanzar sus propias visiones? ¿Cómo podemos apoyarlos con sus metas? ¿Cómo podemos ayudarlos a mejorar en las cosas que aman? ¿Qué podemos dar a aquellos que más necesitan? Lo que descubrirás cuando respondas cada una de estas preguntas sobre tus propias relaciones es que recibirás exactamente lo que des.

Sentí eso por primera vez, y de manera increíblemente poderosa, en el gimnasio junto a mis compañeros de entrenamiento. Siempre nos alentábamos unos a otros. Compartíamos técnicas de entrenamiento y consejos nutricionales. Nos apoyábamos dándonos ánimos, pero también de manera literal cuando nos controlábamos cuando lográbamos levantar el peso máximo o cuando lo intentábamos una y otra vez sin éxito. Todos sabíamos que en algún momento competiríamos unos contra otros, éramos conscientes de que estábamos mejorando nuestras posibilidades, pero también sabíamos que, si nuestros compañeros de entrenamiento se volvían más fuertes, eso significaba que podrían exigirnos más, lo que a su vez nos haría más fuertes a nosotros.

Ayudarnos de esa manera no solo nos benefició como fisicoculturistas, sino que también ayudó al deporte en sí mismo. Fui la imagen del fisicoculturismo internacional en la década de 1960, pero aquello podría haber sido tan solo una novedad pasajera, y el fisicoculturismo podría haber sido tan solo un espectáculo de circo más, si hubiera estado en el escenario con un grupo de competidores que eran tan solo gigantes menos musculosos o definidos que yo. Tampoco sé si hubiera llegado al nivel que llegué. No sé si hubiera logrado construir el cuerpo que presenté para ganar cada uno de mis títulos Mr. Olympia si Franco Columbu no me hubiera estado exigiendo como compañero de entrenamiento o si Frank Zane no hubiera vivido conmigo durante algunos meses y no me hubiera enseñado algunos de sus trucos para conseguir mejor definición. El fisicoculturismo alcanzó su nivel máximo porque unos cuantos entrenamos juntos en el mismo gimnasio y nos ayudamos a mejorar, lo que hizo que las competiciones fueran más exigentes y que el deporte tuviera mayor alcance.

Experimenté este mismo círculo de retroalimentación positiva en el cine. Hollywood está repleto de actores inseguros que, cuando no reciben la orientación o el apoyo correctos por parte de su círculo íntimo, convierten una película en un juego de suma cero. Intentan dominar cada escena en la que estén presentes, conseguir más tiempo de pantalla que sus coprotagonistas y eliminar a otros actores del rodaje. Creen que eso es lo que hacen los grandes actores. Que así te conviertes en estrella o ganas premios. La realidad es que esa clase de ambición personal y comportamiento egoísta solo empeora las películas. Se vuelven incómodas de mirar, lo que termina arruinando la experiencia de la audiencia. Pero cuando los actores se ayudan entre sí en sus escenas, cuando se alientan, cuando se turnan para que cada uno tenga grandes momentos y actuaciones memorables, ahí es cuando las películas pasan de ser buenas a maravillosas y logran conectar de manera más profunda con el público. En ese momento se vuelven éxitos. Y una película de éxito significa que sus actores posiblemente reciban ofertas para otras películas más importantes y lucrativas que la película que rodaron juntos.

Actuar de manera desinteresada, ayudar a tu coprotagonista, tu oponente o tu colega te permitirá mejorar la vida de todos los demás y crear un ambiente positivo donde puedas brillar y también encontrar la felicidad. Por esa razón adoro los programas televisivos que tienen grandes repartos. Por eso admiro empresas como Patagonia, que prioriza a sus clientes y empleados por encima de las ganancias. Por eso celebramos a grandes equipos deportivos como los *Golden State Warriors* del 2017 o esa impresionante selección española de fútbol, porque sabe pasar el balón y jugar en equipo para que todos estén involucrados y todos logren mejorar.

Por otra parte, eso también explica por qué tenemos sentimientos tan complejos frente a deportistas superestrellas egoístas, presidentes ejecutivos codiciosos y políticos narcisistas. Casi nunca hacen que las personas mejoren. Ni siquiera cuando «están en nuestro equipo», solo los toleramos siempre y cuando ganen. En cuanto comienzan a perder o las cosas comienzan a salir mal, los queremos fuera, los despedimos o los destituimos. En ese momento, ¿cuál es el beneficio de tolerar a un bastardo egoísta que solo piensa en sí mismo?

Pero no tienes que estar persiguiendo una meta o una gran visión para experimentar los beneficios de ayudar a los demás. Hay gran evidencia científica que prueba que el simple acto de ayudar aumenta de manera significativa la felicidad del que ofrece ayuda, y ese efecto sucede casi de inmediato. En 2008, un conjunto de investigadores de Harvard llevó a cabo un experimento que consistía en darle cinco dólares a un grupo de participantes y veinte dólares a otro, para que lo gastaran como desearan o se lo regalaran a alguien más. Cuando los investigadores entrevistaron a los participantes al final del día, descubrieron que quienes habían regalado su dinero manifestaban haber tenido un día mejor que aquellos que se lo habían guardado.

Y esta es la parte más interesante: no había diferencia significativa en el aumento del nivel de felicidad entre las personas que habían regalado cinco dólares y las que habían regalado veinte. Las personas que regalaron veinte dólares no experimentaron una felicidad cuádruple. Lo que significa que no se trata de la cantidad, sino del acto de dar. Es el simple acto de ayudar lo que aumenta la felicidad.

Piénsalo: puedes mejorar el día de alguien y a la vez tu propio día con el mismo acto de bondad y generosidad. Y no necesitas ser rico ni millonario para hacerlo.

CÓMO RETRIBUIR

Es muy fácil para alguien como yo, que tuvo todas estas experiencias en la vida y que cuenta con grandes recursos, sentarme aquí y explicar cuán importante es retribuir o lo bien que sienta ayudar a los demás. Pero sé que los beneficios no son siempre tan evidentes cuando eres joven y pobre, y todavía estás intentando descubrir cómo quieres que sea tu vida. También sé que no es tan simple cuando eres mayor y tienes múltiples trabajos, cuando tienes muchas bocas que alimentar o cuando pasas todas las horas del día preocupado por tus propios problemas.

Entiendo que no tienes un hueco en tu agenda para retribuir. Y, cuando encuentras el momento, has estado concentrado durante tanto tiempo trabajando, intentando proveer, esforzándote por alcanzar tu visión, que puede resultar apabullante descubrir cómo utilizar ese tiempo de la mejor manera, o si ese tiempo es siquiera valioso para los demás.

Terminas preguntándote: «¿Quién soy? Soy un don nadie que intenta ganarse el pan». O: «¿Qué puedo hacer? No tengo ninguna habilidad especial». O: «¿Qué tengo para ofrecer? No soy rico ni famoso como esas personas».

Lo primero que debes saber es que, en el nivel más simple y básico, no tienes que reorganizar tu vida para ayudar a los demás. Solo debes mantener los ojos abiertos, los oídos atentos y conectar con el mundo que te rodea. Cuando ves que alguien está teniendo dificultades —con una bolsa del supermercado o por un problema emocional—, detente y ofréceles una mano o un abrazo. Si en plena noche te llama un amigo con el que no has hablado en años, respóndele. Si hay alguien que parece necesitar ayuda, da el primer paso. Sin importar si te pidió ayuda o no. Alíviales la carga, aunque sea durante cinco minutos o quince metros. Ayudarnos los unos a los otros es una práctica que no requiere más que prestar atención, voluntad y un poco de esfuerzo. Sin buscar activamente, tan solo estando conectado con tu alrededor, tendrás oportunidades de ayudar a alguien a diario. Y confía en mí, te hará sentir genial cuando lo hagas.

Lo segundo es que debes darte cuenta de que tienes más para ofrecer de lo que tú crees. Por ejemplo, sé que tienes el tiempo. Si tenemos en cuenta las veinticuatro horas del día, te garantizo que tienes una hora libre al menos una o dos veces por semana. ¿Hablas un idioma extranjero? ¿Eres bueno en matemáticas? ¿Sabes leer? Podrías ayudar a niños de la escuela secundaria una vez a la semana en algún programa extraescolar cerca de tu hogar. Podrías leerles a niños de primaria en la biblioteca local o a los pacientes del hospital infantil. ¿Tienes un coche o una furgoneta? Podrías entregar comida a las personas mayores o trasladar a residentes de asilos a sus sesiones de fisioterapia. ¿Eres habilidoso? ¿Tienes herramientas? Puedes ayudar a arreglar las instalaciones deportivas de tu ciudad antes de que comience la temporada.

Ni siquiera tiene que ser tan complicado. ¿Puedes caminar y comprar bolsas de basura grandes? El gran escritor norteamericano David Sedaris ha estado recogiendo basura de los caminos cercanos a su hogar, en la campiña inglesa, como parte de sus caminatas matutinas diarias, durante tanto tiempo que el condado le puso su nombre a un camión de basura y la reina Isabel lo invitó a tomar el té al Palacio de Buckingham.

Tampoco necesitas una casa bonita para decidirte a recoger la basura de tu vecindario. No necesitas ni siquiera una casa. En el oeste de Los Ángeles, un hombre que vivía en la calle llamado Todd Olin se convirtió en leyenda local por pasar horas a diario *durante años* limpiando las calles de Westchester, su vecindario. Recogió basura, arrancó malas hierbas, limpió grafitis, despejó desagües y rejillas de alcantarilla. Y comenzó a hacerlo con tan solo algunos carros de supermercado y una varilla barata para recoger basura.

Ayudar tampoco es algo que deba suceder todos los días. En 2020, una estudiante de dieciséis años de Tucson, Arizona, llamada Lily Messing organizó un grupo que denominó *100+ Teens Who Care Tucson* y que se reúne solo cuatro veces al año. Cada miembro de la organización, que está compuesta en su totalidad por estudiantes de instituto, aporta veinticinco dólares cada tres meses —cien dólares anuales—, luego identifican una organización local que necesite ayuda, reúnen el dinero de ese trimestre y lo donan directamente a la organización. Desde 2020 ya han donado más de veinticinco mil dólares a fundaciones que ayudan a niños, animales, víctimas de abuso y personas sin hogar. Veinticinco dólares, cuatro veces al año. ¡Bastó con eso para lograr un gran impacto!

Si aún te cuesta pensar en formas de retribuir, no te centres en lo que tienes o en lo que sabes, haz un inventario personal de cómo te han ayudado otros en tu vida, e intenta devolver el favor haciendo las mismas cosas por otros que estén en una situación similar. Si tuviste un gran entrenador de fútbol cuando eras niño, involúcrate en el fútbol juvenil. Si obtuviste una beca gracias a una organización local que te ayudó a llegar a la universidad, contacta con esa organización y pregunta cómo puedes contribuir con el fondo para becas para la generación de estudiantes del último año. Una forma que tengo de agradecer la generosidad de Joe Weider por haberme traído a Estados Unidos es identificar a extranjeros ambiciosos que tengan grandes sueños valiosos y ofrecerles cartas de recomendación para sus visas o permisos de residencia permanente, que escribo utilizando mi papel y sobres personalizados y luego estampo mi sello de gobernador de California. No necesitas tener contactos ni ser tan creativo para ayudar, solo debes dedicarle un momento de tu vida.

En el capítulo anterior conversamos mucho sobre cómo ser curioso, sobre cómo ser una esponja y hacer buenas preguntas son herramientas que te abrirán la mente a las posibilidades del mundo. Bueno, también son herramientas que te abrirán el corazón a sus problemas y te enseñarán cómo puedes ser parte de su solución. En ocasiones, los problemas son pequeños y solo afectan a una persona que necesita un poco de ayuda de manera rápida. En otras, los problemas son enormes, crónicos o sistémicos, y ayudar a resolverlos se convierte en una causa con la que puedes contribuir, como lo fue para Lily Messing, o se convierte en parte de la misión de tu vida, como lo fue para Danny Hernandez y Mary Shenouda.

Por supuesto que puedes hacer ambas cosas. Yo envié un boletín informativo a cientos de miles de personas todos los días para motivarlos a estar sanos y mantenerse en forma. Esto es, en muchos sentidos, una continuación y evolución del trabajo para combatir la obesidad, que comencé a principios de la década de 1990 como zar del *fitness*. Al mismo tiempo, siento la misma felicidad que si pasara diez minutos con un hombre mayor en el gimnasio, ayudándolo a hacer un ejercicio de pecho o conversando con un adolescente de diecisiete años que quiere comenzar su propia empresa de revestimientos.

En cualquier caso, tanto si has ayudado a cientos de personas con tu trabajo o cambiado tan solo una vida con tu conocimiento, habrás devuelto el favor de manera significativa, porque habrás cambiado el mundo. Si todavía no estás seguro de qué tienes para ofrecer, tan solo vive el presente y céntrate en las pequeñas cosas. Las cosas pequeñas siempre tienden a convertirse en cosas grandes, y estoy seguro de que, en algún momento, una cosa pequeña te conducirá a algo grande y a su vez te sentirás listo para también retribuir a lo grande.

Esto es lo que sucede a menudo con los niños que quieren convertirse en *Eagle Scouts*, el rango más alto del programa *Boy Scouts*. El último requisito para convertirse en *Eagle Scout* es hacer un proyecto de servicio que tenga un impacto significativo en la comunidad local. Es decir, tienen que crear su propia forma de retribución. La mayoría de los niños descubren con rapidez qué proyecto harán, porque han mantenido los ojos abiertos y los oídos atentos durante años, han conectado con sus comunidades y están listos para ayudar a quienes lo necesiten.

Quizás siempre ayudan a la gente con el carro de la compra o los cochecitos de bebés porque las aceras de su ciudad son difíciles de transitar, de modo que para su proyecto deciden obtener permisos, pedir fondos a negocios locales y conseguir un contratista para reparar la superficie de las aceras y construir rampas accesibles en toda la ciudad.

Quizás siempre ayudan a los vecinos a encontrar a sus perros, que no dejan de escaparse del parque cercano a sus casas porque la cerca es vieja y tiene varios huecos. De modo que deciden rediseñar y reconstruir la cerca con sus compañeros, utilizando materiales donados por la ferretería local, y luego realizan una petición al ayuntamiento para designar oficialmente ese espacio como parque para perros y así asegurar su mantenimiento futuro.

Hay gran diversidad de historias como estas en los *Eagle Scouts*, pero lo mejor es que existen millones de maneras de aprovechar la lección de cada una de ellas para utilizar tu tiempo, habilidades y recursos en beneficio de los demás. Y, según mi experiencia, una vez que empiezas, no paras.

RETRIBUIR SE CONVIERTE EN UNA ADICCIÓN

Mi primera experiencia retribuyendo de una manera organizada tuvo lugar a finales de la década de 1970, cuando recibí una invitación para entrenar en levantamiento de pesas a atletas de las Olimpíadas Paralímpicas en una universidad del noroeste de Wisconsin. Durante dos o tres días, trabajé con grupos de adolescentes con diferentes niveles de discapacidad intelectual, como parte de un estudio destinado a comprobar si el levantamiento de pesas podía ser seguro para ellos como atletas y beneficioso como herramienta terapéutica. La experiencia fue increíblemente potente, pero fue aquel primer día que pasamos juntos, concentrados en la fuerza en banco, lo que recuerdo con más lujo de detalles, incluso hoy en día.

Recuerdo que los chicos se mostraban algo cautelosos y reservados en un principio. Recuerdo exhibir mis músculos, posar para ellos y dejarlos apretar mis bíceps o presionarme el pecho para intentar que se relajaran. Recuerdo qué bien me sentí al ganar su confianza y ver cómo crecía su entusiasmo mientras pasaban, uno por uno, por el banco y se colocaban debajo de la barra para levantar pesas por primera vez en sus vidas. Recuerdo que algunos tuvieron dificultades. Ver la barra directamente sobre sus cabezas y luego sentir cómo bajaba el peso sobre ellos por la fuerza de la gravedad les atemorizó un poco. Es probable que esa sensación fuera tan extraña para esos chicos como lo era enseñar y comunicarme con ellos para mí. Pero recuerdo pensar que, si ellos tenían el coraje y la fortaleza de enfrentar sus miedos e intentar algo nuevo, yo no podía permitir que mi inseguridad se interpusiera en el camino y terminara decepcionándolos. En lugar de eso intenté imitar su amabilidad, entusiasmo y actitud receptiva. Recuerdo que al final del día cada chico había completado múltiples series de fuerza en banco. Incluso los chicos que habían mostrado más temor se colocaron debajo de la barra y lograron algunas repeticiones, incluido el chico que inicialmente entró en pánico y comenzó a gritar, hasta que yo pude calmarlo colocándole a mi lado y convirtiéndole en mi contador oficial de repeticiones.

Nunca olvidaré a ese chico. Después de contar algunas repeticiones de los demás, sentí que comenzaba a sentirse más cómodo alrededor de las pesas. Había visto a sus compañeros levantar peso y no morir aplastados. Le pregunté si quería intentarlo de nuevo, y respondió que sí. Sus amigos estaban muy entusiasmados por él. Se acostó sobre el banco con la cabeza entre las barras de apoyo; yo me ubiqué detrás de él y lentamente apoyé la barra en sus manos.

«Ahora dame diez repeticiones», dije. Lo logró como si no fuera nada. Sus amigos enloquecieron de felicidad. Se le dibujó una sonrisa tan amplia como la barra de pesas. «Creo que estás listo para levantar más peso», le dije.

Agregué un disco de cuatro kilos y medio en cada extremo. «Intenta hacer tres repeticiones», le indiqué. Sus amigos no dejaban de animarlo. Inspiró profundamente y logró hacerlas con muy poco esfuerzo. «Guau, eres muy fuerte», comenté. «Creo que muy pronto tendré competencia. ¿Puedes hacer más?».

Él asintió con entusiasmo. Colocamos dos discos más de cuatro kilos y medio. Y él hizo tres repeticiones más. En el transcurso de una hora y media, ese chico había pasado de estar completamente aterrado por la barra a levantar casi treinta y ocho kilos, tres veces, sin ayuda. Se levantó del banco, le di un apretón de manos y sus amigos lo rodearon emocionados.

Presenciar cómo esos chicos celebraban el logro de su amigo me llenó de un tipo de felicidad casi espiritual. Fue tan abrumador que me sentí confundido. No había ganado más dinero. Eso no significaba un gran paso para mi carrera. Hacer ese tipo de cosas todavía no formaba parte de mi visión. Y para ser honesto, no sentí que estuviera haciendo mucho en términos de esfuerzo o sacrificio. Entonces ¿por qué me sentía tan feliz?

Me di cuenta de que era porque había ayudado a esos chicos. Al haber hecho algo tan simple como estar presente, apoyarlos y alentarlos, y enseñarles un par de cosas, había cambiado la vida de este adolescente. Él ahora tenía pruebas de que podía hacerlo, de que tenía la fortaleza suficiente no solo para levantar pesas, sino para superar sus miedos. Lo había ayudado a aprender algo nuevo acerca de sí mismo, que podría aprovechar para enfrentar situaciones nuevas, incómodas y aterradoras el resto de su vida. No volvería a ser el mismo después de este día. Tampoco sus amigos. Ni yo.

Resulta que en realidad había aprendido mucho gracias a esa experiencia, solo que no en el sentido con el que yo solía medir las cosas antes. Tuve la oportunidad de utilizar mi conocimiento y mi experiencia para ayudar a ese grupo de jóvenes menos privilegiados que yo a mejorar en algo, a volverse más fuertes, ganar confianza y sentirse mejor consigo mismos. Había retribuido, y lo había hecho por la simple razón de que ellos necesitaban ayuda y alguien me lo había pedido.

Inmediatamente, quise ayudar cada vez más. Si hubieras estado en mi lugar, probablemente también te hubieras sentido así. Pero no lo digo solamente yo. Lo respalda la ciencia. En múltiples estudios realizados durante los últimos cuarenta años, psicólogos y neurocientíficos descubrieron que ayudar, ya sea por medio de donaciones benéficas o voluntariados, libera oxitocina y endorfinas. Esas son las mismas hormonas que produce el cerebro durante el sexo o el ejercicio. Ayudar también produce un neuroquímico llamado vasopresina, que está asociada al amor. De hecho, el mero acto de *pensar* o recordar momentos en los que ayudamos a otra persona puede liberar estas mismas hormonas.

Los sociólogos tienen un nombre para este fenómeno: «la exaltación de ayudar». Así de poderoso es retribuir. Es una droga natural que genera bienestar y tiene propiedades *extremadamente* adictivas. Ahora sé todo esto, pero durante los meses y años posteriores a aquella semana en Wisconsin, solo me dediqué a intentar liberar oxitocina y endorfinas como un adicto persigue la euforia.

Como resultado de nuestro trabajo en conjunto, los investigadores de la universidad y las autoridades de las Olimpíadas Paralímpicas descubrieron que el levantamiento de pesas les brindaba a los chicos más confianza que cualquier otro deporte que practicaran. El impacto de nuestro trabajo había sido tan significativo que quisieron que los ayudara a desarrollar una competición de levantamiento de pesas para las Olimpíadas Paralímpicas y que les indicara qué pesas deberían incluir. No lo pensé ni un segundo. Decidimos comenzar con fuerza en banco y levantamiento de peso muerto, porque son los movimientos más simples, y suponen para niños con problemas de equilibrio o déficit de coordinación motora el menor riesgo posible. Son los ejercicios más divertidos para mirar y para practicar porque implican levantar la mayor cantidad de peso. Después de ayudar a diseñar el programa, trabajé con grupos de niños en numerosas ciudades de todo el país y me convertí en Entrenador Internacional oficial. En cuestión de un par de años, el levantamiento de pesas sería incluido en las Olimpíadas Paralímpicas regionales de los Estados Unidos y finalmente se convertiría en la esencia de las Olimpíadas internacionales, donde sigue siendo uno de los deportes más populares para los atletas y espectadores.

Todavía disfruto animando a esos hombres y mujeres fuertes en cada Olimpíada Paralímpica, y me siento increíblemente orgulloso de que mi hija y mi yerno se hayan unido a la causa como embajadores globales.

Más adelante, fue todo mi trabajo en las Olimpíadas Paralímpicas lo que convenció al presidente Bush para nombrarme presidente del Consejo Presidencial para la Aptitud Física y los Deportes. En esa época, estuve tan ocupado y solicitado como nunca. Estaba rodando dos películas al año y asistiendo a todos los eventos internacionales de promoción que las películas siempre conllevan. Ganaba veinte millones por película. Pero la alegría que sentí cuando ayudé a esos chicos en las Olimpíadas Paralímpicas fue mayor que cualquier otro sentimiento que hubiera tenido en la alfombra roja, y fue mucho más valioso que cualquier gigantesco cheque, de modo que la decisión de repetir ese sentimiento ayudando incluso a más niños, incluidos algunos de los niños más vulnerables del país, fue muy fácil. Dije que sí de inmediato y me comprometí durante todo mi mandato a viajar con mi propio dinero, mi propio avión y a pagar la comida y alojamiento de todos, durante nuestro recorrido por los cincuenta estados.

Mi trabajo en las Olimpíadas Paralímpicas y en el Consejo Presidencial exigía gran parte de mi tiempo libre, pero no tanto como para dejar de encontrar formas de retribuir. Estaba fascinado. Por ejemplo, no tengo dudas de que la «exaltación de ayudar» jugó un papel muy importante en lograr que Danny Hernandez y yo nos encontráramos en una sala por primera vez en 1992. Sé que fue fundamental para impulsar la expansión de los *Inner-City Games* a otras ciudades durante el resto de la década, y hacer que su papel creciera y se convirtiera en un programa nacional de actividades extracurriculares anuales.

Esto es sencillamente lo que sucede cuando el acto de retribuir se apodera de ti. Como una droga, no quieres simplemente un poco más, sino que también deseas hacerlo a gran escala. Quieres ayudar a más personas, con mayor frecuencia, con más cosas. Para mí, eso finalmente significó renunciar a mis abultados cheques por las películas, postularme como gobernador de California y rechazar un salario financiado por los contribuyentes. Y, una vez terminado mi mandato, cambiar mi enfoque hacia el Instituto Schwarzenegger en la Universidad del Sur de California y hacia la iniciativa *Schwarzenegger Climate*, donde nuestros objetivos de reformar nuestro sistema político para transferir el poder de los políticos al pueblo y reducir la contaminación tienen el potencial de ayudar a cientos, si no miles, de millones de personas.

Cada día me despierto pensando en estas cosas, y me proporcionan la increíble sensación de tener un objetivo. Ese mismo sentimiento es posible para ti, para cualquiera, una vez que hayas dado el primer paso hacia la retribución y dejes que las endorfinas fluyan por tus venas.

HAZ AÑICOS EL CRISTAL

Resulta interesante mirar atrás unos cuarenta y tantos años desde que hice ese viaje a Wisconsin, y ver cómo mi visión evolucionó y mis prioridades cambiaron. En un principio, yo estaba centrado en mí mismo al cien por cien, y mi visión trataba por completo del éxito profesional, la fama y la fortuna. Esa visión guiaba todas mis decisiones, y el nivel de felicidad que sentía ayudando a los demás, dependía mayormente de cómo encajaba esa ayuda en mi propia visión. Pero, a medida que pasaba el tiempo y el acto de retribuir se convertía en una parte más importante de mi vida, ese enfoque comenzó a centrarse en un «nosotros». Me sentía feliz ayudando a los demás, no porque me acercaba más a mis objetivos personales, sino porque se había *convertido en mi objetivo personal*. Ya no era un medio para un fin, era un fin en sí mismo.

Convertir el acto de retribuir en una parte esencial de mi vida terminó por consolidarse poco tiempo después de mi trabajo en el Consejo Presidencial, durante un discurso de mi difunto suegro, *Sargent* Shriver, a los graduados de la Universidad de Yale. *Sarge*, como lo llamaban sus amigos, era amable, brillante y considerado. Lideraba desde el corazón como nadie que haya conocido. Se preocupaba profundamente por las personas y respaldaba sus palabras con actos, ya fuera invirtiendo su dinero o su tiempo.

Sarge fundó numerosas organizaciones benéficas, entre las que se encuentran *Peace Corps, Head Start, Volunteers in Service to America* (*VISTA*, por sus siglas en inglés), *Job Corps* y *Upward Bound*, que tenían como objetivo ayudar a grupos desfavorecidos de Estados Unidos y del resto del mundo. También fue el presidente de la junta de las Olimpíadas Especiales, que fundó su esposa, Eunice, mi suegra, además de todo el trabajo que ella hacía para apoyar a las personas con discapacidad intelectual. No resulta exagerado decir que los *Shriver* pasaron toda su vida adulta al servicio de la humanidad.

Al momento de su discurso en Yale, *Sarge* estaba llegando a los ochenta. Había visto el mundo y vivido muchas experiencias. Tenía una gran sabiduría que quería compartir con la siguiente generación de líderes, sobre la posibilidad de lograr que el mundo fuera un lugar donde ellos quisieran vivir. Pero también tenía un consejo que ofrecerles.

—¡Romped vuestros espejos! —les dijo—. Sí, así es, haced añicos el cristal. En esta sociedad tan egoísta, comenzad a miraros menos en el espejo y mirad más a los demás. Prestad más atención al rostro de vuestros vecinos y menos al vuestro. Cuando tengáis treinta, cuarenta, cincuenta o incluso setenta años, sentiréis mayor felicidad y plenitud contando vuestros amigos que contando vuestros dólares. Sentiréis mayor satisfacción por haber mejorado vuestro vecindario, vuestra ciudad, vuestro estado, vuestro país y a vuestro prójimo, algo que jamás obtendréis de vuestros músculos, vuestro aspecto físico, vuestros coches, vuestras casas o vuestra solvencia. Lograréis mucho más siendo pacificadores que guerreros. Romped vuestros espejos.

Sargent dio ese discurso en 1994, hace casi treinta años. Su mensaje todavía sigue tan vigente como nunca, ¿no crees? Creo que seguirá vigente por muchas generaciones más. Digo esto con el conocimiento de que los consejos como el de *Sarge* en general provienen de personas de la elite, que hablan de salvar al mundo mientras se relajan en la comodidad y seguridad de sus yates o de sus mansiones de verano.

«Qué fácil para él», quizás estés pensando.

Lo que debes entender es que Sargent no decía que no hubiera valor o felicidad en la ambición personal. Él comprendía que, si bien tener músculos no es lo más importante en el mundo, tener un cuerpo saludable y fuerte es bueno para ti y constituye una parte esencial para tener una vida larga. Sabía que tener un buen coche que funcione bien y en el que puedas confiar representa una preocupación menos. Reconocía que tener una casa lo suficientemente grande para toda tu familia y que sea un verdadero hogar puede ser una gran fuente de orgullo.

El mensaje de Sargent era que retribuir es una fuente de *mayor* satisfacción, en parte porque pone a la ambición personal en la perspectiva adecuada. Yo iré un paso más allá —y soy yo ahora el que habla desde mi propia experiencia— y diré que romper tus espejos y cuidar a todas esas personas que están detrás del cristal y que necesitan tu ayuda no es simplemente una fuente mayor de felicidad, sino que permite que las cosas que quieres para ti mismo sean aún más significativas y preciadas.

Todo esto suena muy filosófico, lo sé, pero yo presencié cómo era en la práctica durante la temporada de incendios cuando era gobernador. Cada año, al menos una vez entre junio y octubre, me veía afrontando un gigantesco incendio forestal, acompañando a los bomberos mientras descansaban entre turnos de doce a dieciocho horas, después de luchar con paredes de llamas veloces que los sometían a un calor extremo y a condiciones peligrosas, en su esfuerzo por salvar vidas y hogares. Vi que estaban exhaustos por subir y bajar por los valles, talar árboles y cavar cortafuegos y, cuando yo les preguntaba cómo se sentían, siempre se mostraban tan humildes como el heroísmo de sus acciones. Pero lo que me resultaba más notable era que, en más de una ocasión, hablé con bomberos locales que estaban en primera línea, mientras sus propias casas podían estar ardiendo hasta los cimientos. Todo lo que poseían, sus objetos más preciados, el lugar donde criaban a su familia, todo podía estar a segundos de ser engullido por las llamas y ellos no habían dudado si debían estar intentando salvar sus hogares o estar allí afuera en primera línea intentando ayudar a sus vecinos.

Olvídate de romper los espejos, estas personas ni siquiera tenían espejos. Siempre estaban mirando a los demás. Retribuir y ayudar a los demás era lo que siempre hacían. Estaban al cien por cien centrados en el «nosotros», y desde ese entonces los he considerado modelos a seguir en cuanto a altruismo y sacrificio. Creo que todos deberíamos hacerlo. No creo que muchos de nosotros alguna vez podamos alcanzar ese nivel de generosidad, pero definitivamente podemos aspirar a ello.

En mi caso personal, diría que hoy en día mi vida está mayormente enfocada en el «nosotros», y la razón principal por la que algunas veces me centro en mí mismo es para poder seguir ganando dinero y así apoyar causas que creo importantes. La capacidad de enviar con tanta rapidez un millón de dólares a la organización *First*

Responders en marzo de 2020, por ejemplo, fue el resultado de seguir dedicando tiempo a desarrollar ambiciones personales, y sabiendo que siempre habrá dinero destinado a retribuir y a ayudar a resolver problemas grandes y urgentes que están siendo mal encarados por los políticos, que en realidad no tienen ningún interés en ayudar a los demás.

No comparto estas historias para demostrar todo lo que yo hice, o lo que hicieron los bomberos, unidades militares o servicios de emergencia. No te estoy pidiendo que te conviertas en Robin Hood o la Madre Teresa, o que abandones tu ambición o posesiones personales. Solo te pido que rompas tus espejos y hagas por los demás lo que eres capaz de hacer. Te estoy pidiendo que retribuyas. Que devuelvas el favor. Que seas útil tantas veces como puedas. Y te pido que lo hagas por la misma razón que nosotros hemos elegido retribuir. Porque les debemos gratitud a las personas que nos trajeron donde nos encontramos hoy. Porque le podemos dar a la próxima generación lo mismo que la generación pasada nos dio a nosotros. Porque convertirá al mundo en un lugar mejor. Porque te hará más feliz de formas que nunca podrías haber anticipado.

Una cosa que aprendes cuando has vivido lo suficiente y trabajaste con tanto esfuerzo que tus sueños más alocados se convirtieron en realidad, es que todos estamos conectados. Estamos todos juntos en esto que llamamos vida. No es un juego de suma cero. Es un juego que puede tener múltiples ganadores. Una cantidad infinita de ganadores, realmente... siempre y cuando retribuir sea parte de las reglas del juego. Cuando incorporamos a nuestra vida el acto de devolver el favor, cuando rompemos nuestros espejos para poder ver a todas las personas detrás del cristal que podrían necesitar nuestra ayuda, entonces nos beneficiamos todos.

No importa cuán joven o viejo seas, lo mucho o poco que tengas, lo mucho que hayas hecho o lo mucho que te quede por hacer. En cada caso, dar más te dará más. ¿Quieres ayudarte a ti mismo? Ayuda a los demás. Aprende a comenzar desde ese lugar, y así te convertirás en la versión más útil de ti mismo, para tu familia, para tus amigos, para tu comunidad, para tu país... y para el mundo.

Un agradecimiento final

Cuando leí *Meditaciones* de Marco Aurelio, me sorprendió el hecho de que el primer libro, que básicamente es un diario de dos mil años de antigüedad, fuera nada más que una lista de personas en la vida de Marco que lo habían ayudado o enseñado algo valioso. Qué manera tan poderosa de recordarte que no te has hecho a ti mismo.

A medida que escribía este libro y me inundaban los recuerdos de personas que se encontraban en el corazón de todas estas historias, decidí que, en lugar de escribir una sección tradicional de agradecimientos, sería más útil terminarlo como empezó Marco Aurelio el suyo.

Una vez que termines de leerlo, deberías escribir tu propia lista. Te mantendrá humilde. Y cuando necesites consejos, ayuda o inspiración, esta lista también te será de utilidad.

Aprendí disciplina y la importancia de ser útil, sin importar la circunstancia, gracias a mi padre.

Aprendí de amor y sacrificio gracias a mi madre.

Karl Gerstl y Kurt Marnul me enseñaron cómo levantar peso. Harold Maurer me entrenó.

Steve Reeves y Reg Park abrieron camino para que los fisicoculturistas se convirtieran en estrellas de cine y para que yo tuviera ejemplos a seguir. Clint Eastwood comenzó siendo mi ídolo cinematográfico y más adelante se convirtió en un querido amigo.

Fredi Gerstl me abrió la mente y transformó mi curiosidad natural en una habilidad para hacer buenas preguntas.

Franco Columbu fue mi mejor amigo y confidente, mi compañero de aventuras durante más de cincuenta años. También fue mi compañero de entrenamiento y, junto con mis demás compañeros como Dave Draper y Ed Corney, me impulsó a levantar cada vez más peso, a ir más allá y a volverme más grande.

Albert Busek fue el primer escritor de revistas de fisicoculturismo que vio potencial en mí, que declaró que el fisicoculturismo había entrado en la «era Schwarzenegger» y que me hizo algunas de las mejores y primeras fotografías, que llamaron la atención de...

Joe Weider, quien me pagó el billete a Estados Unidos y me ofreció un lugar agradable donde aterrizar. También fue un vendedor excepcional y un brillante creador de marca personal de quien obtuve muchos consejos.

Frank Zane y Sergio Oliva me inspiraron para dar el máximo después de patearme el trasero. También se convirtieron en mis amigos, y compartieron su conocimiento sobre entrenamientos con total libertad, a pesar de que éramos rivales.

Olga Assad me enseñó cómo invertir en el mercado inmobiliario.

En mi carrera cinematográfica, Sylvester Stallone me inspiró con su increíble talento y se convirtió en el rival que yo necesitaba para alimentar mi impulso de ascender en Hollywood, y luego se volvió un querido amigo a quien le puedo contar todo.

John Milius, Jim Cameron e Ivan Reitman me dieron oportunidades, cada uno a su manera, y me permitieron demostrarles que estaba a la altura del desafío de convertirme en estrella de cine y actor protagonista.

Sarge y Eunice Shriver fueron mis ejemplos a seguir sobre cómo retribuir.

El presidente George H. W. Bush fue mi mentor y me enseñó cómo enfocar mi interés por ayudar a los demás hacia el servicio público.

Nelson Mandela me ayudó a comprender por completo los horrores del racismo y la discriminación, así como el poder del perdón.

Muhammad Ali me enseñó el verdadero esfuerzo y la perseverancia, y lo que realmente se requiere para mantenerte firme en tus convicciones.

Mijaíl Gorbachov me enseñó cómo funciona verdaderamente el sistema geopolítico y por qué hacer lo correcto para la mayoría de las personas es tan difícil.

Mi antiguo amigo y mentor Jim Lormier me enseñó tantas cosas que podría escribir un libro entero con ellas. Pero nunca olvidaré que él impulsó *Arnold Sports Festival* conmigo, y fue la única voz que me dijo, sin dudarlo, cuando yo estaba pensando en postularme para gobernador, que debía hacerlo, que estaba listo. Me dio mucha confianza.

Todos nuestros atletas del programa *After-School All-Stars* y de las Olimpíadas Paralímpicas que he observado y con los que he trabajado son recuerdos vivientes de que las cosas en la vida quizás no siempre sucedan como tú quieres en un principio, pero que eso no es excusa para dejar de intentar, dejar de esforzarse o no agradecer las cosas que sí posees.

También tuve la fortuna de contar con el amor de increíbles mujeres en mi vida. Durante décadas, María estuvo a mi lado en cada decisión que tomé y, hasta el día de hoy, es una madre fantástica para nuestros hijos. Durante los últimos diez años, Heather ha sido mi compañera y confidente año tras año, siempre se mantuvo a mi lado en mis momentos altos y bajos, junto a nuestros animales.

Mis hijos, en cada etapa de sus vidas, me han mantenido humilde cuando lo necesitaba. También me inspiraron a intentar con todas mis fuerzas construir un mundo que será mucho mejor cuando yo ya no esté. Los votantes de California también hicieron lo mismo.

Podría seguir sumando personas que me ayudaron a alcanzar mis sueños y a crear la vida que visualicé todos esos años atrás en mi pequeño pueblo de Austria, pero creo que ya has entendido el mensaje.